Gent d'ordre

CRISTIAN SEGURA

Gent d'ordre

La desfeta d'una elit

Galàxia Gutenberg

Publicat per
Galaxia Gutenberg, S.L.
Av. Diagonal, 361, 2n 1a
08037 Barcelona
info@galaxiagutenberg.com
www.galaxiagutenberg.com

Primera edició: agost de 2021

Impressió i enquadernació: Romanyà-Valls
Pl. Verdaguer, 1 Capellades-Barcelona
Dipòsit legal: B 8504-2021
ISBN: 978-84-18807-11-4

El gruix d'aquest llibre va ser escrit entre els anys 2016 i 2018. Posteriorment s'hi han anat afegint nous passatges. Després de superar molts obstacles, Gent d'ordre *és una realitat gràcies a Galàxia Gutenberg.*

Índex

Avenida de la Victoria

El món d'on vinc s'està extingint. L'univers no trontollarà quan deixi d'existir; de fet, alguns ho celebraran. En algun moment del passat jo també ho hauria celebrat, però és on vaig néixer i és natural que estigui de dol. Malgrat que els seus habitants poden ser gent superba, avui sobretot fan llàstima, com els indígenes que venen penjolls als turistes. Aquest món és avui una mena de reducte i paròdia del passat que ni tan sols es revolta per sobreviure.

És un món petit, és una realitat més comprovable mentalment que no pas físicament. Les seves fronteres són més sociològiques que no pas geogràfiques. Si l'haguéssim de delimitar físicament, establiríem els seus límits meridionals al Reial Club de Polo, Sant Gervasi al nord, Gal·la Placídia a l'est i el Tibidabo a l'oest. Més enllà hi ha les seves colònies del Maresme, l'Empordà, el Vallès i el Pirineu. Parlo de la zona alta de

Barcelona, allò que, jugant, vam batejar com a Upper Diagonal.

Ara hi ha un hotel que es diu Upper Diagonal, al passeig de Manuel Girona, a tocar de San Odón, l'església on mossèn Perales, conegut com *Fittipaldi,* ha celebrat durant anys les seves mítiques misses de vint-i-cinc minuts, les més curtes dels diumenges, per a l'alta burgesia barcelonina. Curtes i eficaces; client satisfet, raspall ple. Si el catolicisme perd fidels a l'engròs a Europa, en aquest món encara hi conserva una presència envejable. A San Odón, els diumenges, i cada dia de la setmana a la veïna església de Santa Gema, una multitud assisteix a les cerimònies, totes en castellà menys una els diumenges. Durant els oficis de diumenge sempre hi ha joves de camisa ben planxada i noies mones d'Instagram esperant pacientment als bancs perquè quedi lliure un dels quatre moderns confessionaris de Santa Gema.

Manuel Girona era un banquer; part dels seus antics condominis, a Pedralbes, hostatgen el supercomputador de la Universitat Politècnica de Catalunya. Aquest ordinador és al carrer de Jordi Girona, que era el besnet del banquer. Jordi Girona era monàrquic i amic de Primo de Rivera; va morir el 1936 intentant revoltar Barcelona contra la República. A l'avinguda Pedralbes, exactament entre els dos Girona, al número 22, mantenen un rètol de ferro ben gros amb l'antic nom del carrer: *Avenida de la Victoria* [victòria de les tropes franquistes el 1939]. El bloc de pisos es diu Edificio Victoria. El 2015 vaig escriure un article informant sobre el rètol; l'administrador de la finca em va assegurar que no s'havien adonat que allò continuava allà. A mi m'agrada pensar que ho mantenen en un gest punk reaccionari. El comissionat de Memòria Històrica de l'Ajuntament, Ricard Vinyes, em va explicar el 2018 que el consistori havia mirat de retirar el rètol, però la propietat s'hi va negar.

Quan jo era petit, el meu pare em duia al Polo en cotxe per Manuel Girona. Eren els dissabtes i els diumenges al matí, el trànsit era mínim. La cantonada amb l'avinguda Pedralbes era un dels meus punts favorits d'aquell petit territori nostre. Les antigues quadres dels Güell, dissenyades per Antoni Gaudí, són un escenari màgic de pedra que reprodueix el jardí de les Hespèrides. Hi ha la porta de ferro en forma de drac, la bèstia que custodia les pomes d'or, cobejades per Hèrcules. A la dècada dels vuitanta allò era un espai pràcticament abandonat i incomprensible per a mi. També hi havia el gitano del semàfor davant l'Edificio Victoria, que em cridava més l'atenció que les Hespèrides, per la seva cortesia i alhora per una mirada amenaçant quan demanava monedes que li resultava efectivíssima. El meu pare em diu que encara hi és, i que és més fatxenda que mai.

Camises

Si fem cas de l'actual relat oficial, pràcticament tothom era antifranquista a Catalunya: els únics afins a la dictadura eren un grapat de famílies importants del país. Però la família petitburgesa i franquista de *Pa negre* era real, els barcelonins que van sortir al carrer el gener del 1939 a donar la benvinguda a les tropes nacionals també eren reals. Els alcaldes de Convergència que havien estat batlles durant el franquisme també són reals. Avui, de franquistes catalans només en queden alguns noms selectes i identificables per ser vilipendiats, sobretot Joan Antoni Samaranch.

Amb prou feines ni a la zona alta queden «franquistes pragmàtics». No es tracta de franquistes militants, gent que desfili pel passeig de la Bonanova amb la camisa blava i que voti Vox; em refereixo a persones destres en la connivència i que aprecien l'ordre, l'immobilisme, l'estabilitat del seu negociat. Aquests eren la gent d'ordre. La gent d'ordre a la Barcelona del segle XXI s'ha convertit en una reserva d'indis navahos. Els que hi queden són pocs i viuen d'esquena a la nova era. Per mi aquests són els més coherents: si han tirat endavant durant generacions amb les mateixes idees, per què haurien de canviar ara?

Però la majoria sí que ha canviat, i molt ràpid. S'han volgut adaptar a correcuita a una nova època i no han tingut prou temps per fer una transició normal. Gràcies a això es generen actituds tan interessants com aquest testimoni d'Antoni Vila Casas. Empresari farmacèutic d'èxit, filantrop de l'art com pocs a Catalunya, Vila Casas és un home d'ordre que s'ha fet independentista malgrat les contradiccions que això pot suposar per a ell. Moltes de les persones que han sortit de la reserva per incorporar-se a la vida moderna no poden amagar la seva condició de gent d'ordre. Heus aquí l'exemple d'en Vila Casas, segons el llibre entrevista autobiogràfic *El que pensin de mi no m'interessa gens*: «Quan va acabar la guerra, gairebé tothom era franquista. Als cines paraven a la mitja part per posar l'himne i tothom alçava el braç. Durant la guerra s'havien fet molts disbarats i, quan es va acabar, molta gent valorava l'ordre i la pau. A mi m'ha agradat sempre l'ordre. El franquisme era un règim detestable, però els qui no ens vam ficar en merders, vam poder prosperar. Jo vaig poder fer el batxillerat, la carrera, les milícies, vaig posar una farmàcia, vaig muntar un laboratori... i fins avui. No sé si Franco tractava Catalunya tan malament com ens tracten ara. Era un dictador i que quedi clar que no l'exculpo de res, però tenia cert respecte per Catalunya perquè sabia que en treia profit. Entenc, però, que la gent no en vulgui tenir cap record».

El cacau mental que s'ha de tenir per creure que el franquisme respectava més Catalunya que l'actual Estat espanyol només pot ser conseqüència de la tombarella que molts han hagut d'improvisar per no perdre el tren de la independència. Això provoca conflictes puntuals entre la gent d'ordre que continua a la reserva i els que han canviat ràpid de camisa. Això de les camises no és un dir; Vila Casas ho explica: «Amb els meus amics no puc parlar d'aquest tema. Ara voten Ciutadans, perquè els fa vergonya votar el PP. Els fa por la independència perquè avui encara es guanyen la vida com a empresaris. Però no tenen en compte que els mercats canvien, i que si continuem a Espanya estaran cada cop pitjor. Haurien de pensar en els seus fills. Hi ha molts catalans que són espanyolistes. Els reconeixeràs pel coll de les camises. Si el coll de la camisa el porten obert, són espanyolistes. Si porten la camisa com la porto jo, així tancada, són catalanistes».

A casa meva, la meva família, a més de fer-se independentistes, també diuen que s'han fet d'esquerres. Això trenca la lògica natural; per sistema, com més vells ens fem, més conservadors som. En Vila Casas també ha virat cap a l'esquerra, segons assegura al llibre. Jo soc d'esquerres, el que col·loquialment es coneix com un *pijoprogre*, però ho he estat sempre. La meva parella diu que no soc *pijo*, que les meves possessions –nul·les– i la meva manera de ser no són les d'un *pijo*, però jo sé que ho soc perquè entro a la truiteria Flash Flash i m'hi sento com a casa; em conviden a dinar en una finca amb jardins, piscina, dues minyones, quadres de Torres García i Tàpies, i m'hi sento còmode. Hi ha una manera de ser i d'estar que va més enllà de propietats o de lluir marques. Ho descrivia Milena Busquets en un article a *El Periódico* dedicat a l'editor Claudio López Lamadrid: «Hem perdut un veí del barri, aquest barri poblat d'arbres, tranquil i diàfan, burgès i sense pretensions, on encara es poden veure passar les estacions simplement mirant per la finestra i on un (ingènuament i estúpidament) de vegades pensa que no pot passar-hi res dolent. Era un gran editor però suposo que la majoria de la gent amb qui es creuava pel carrer no ho sabia. Gairebé mai anava sol, o bé passejava el seu gos o bé arrossegava una maleta, de vegades anava acompanyat de la seva bella nòvia. [...] Amo i gos tenien aquella elegància, tan barcelonina, que consisteix a anar una mica malgirbat. Els jerseis són de caixmir però tan vells que estan foradats (sovint una herència dels pares), les camises de donar-los tant ús han perdut el color original i són d'un verd o d'un blau pàl·lid amb els punys i els colls una mica tronats, el calçat és utilitari i poden portar les mateixes sabates durant quinze anys, mai van pentinats, mai porten rellotges rutilants».

Vaig decidir que seria d'esquerres amb setze anys, després de jugar un partit d'hoquei al Polo. Encara suat, amb el pal i les canyelleres a les mans, vaig apropar-me al bar abans de dutxar-me i allà em vaig trobar Gabriel García Márquez. No m'ho podia creure: un dels meus referents, al bar del meu club. Amic íntim de Fidel Castro, abanderat de l'esquerra intel·lectual, en calça curta, amb raqueta de tennis, acompanyat de dos nois –eren els seus nets, o nebots, no ho puc precisar–, que semblaven querubins de rossos i bells que eren. Recordaré sempre el diàleg:

–¿Es usted Gabriel García Márquez?

–Pues sí, soy yo.

–¡Qué honor saludarle! No se atragante con la Coca-Cola.

–¿Por qué?

–Porque es veneno imperialista.

García Márquez no va dir res més. Espero que tingués en compte que jo era un marrec de setze anys, molt nerviós de tenir al davant l'autor de *Crónica de una muerte anunciada* o *El coronel no tiene quien le escriba*, obres que en aquell moment em servien de passaport a altres mons, lluny de realitats com el Polo. García Márquez també em va convèncer que ser d'esquerres no es contradeia amb gaudir dels plaers que t'ofereix la vida.

Porters

A favor de Vila Casas s'ha de dir que és més sincer i coherent que molts d'altres. Ell continua referint-se a la plaça Francesc Macià com a plaça Calvo Sotelo –anomenada així en el mateix edicte municipal del 1940 que va batejar l'*avenida de la Victoria*. Segur que fa com un servidor i el carrer Roger de Llúria continua sent Lauria, i Pelai és Pelayo.

Vila Casas és sincer i coherent i, per mi, això suma punts. Es declara amic i fidel de Jordi Pujol. En un moment com l'actual en què esmentar l'expresident és com alliberar el Kraken, mantenir públicament una relació d'amistat amb ell és tenir-los ben posats. Fets similars es van produir quan va començar el calvari judicial d'Iñaki Urdangarín. Tots aquells que li feien la gara-gara als vestuaris del Reial Club de Tennis Barcelona de sobte van desaparèixer.

El personatge públic de Pep Guardiola no és sant de la meva devoció, per allò que va destacar d'ell Jordi

Llovet: «Aquest entrenador de futbol que parla com si fos l'arxidiaca de Catalunya». Però Guardiola, quan era entrenador del Bayern de Munic, va visitar a la presó el directiu del club Uli Hoeneß, condemnat per frau fiscal, perquè per damunt de tot són amics, segons va explicar. Aquesta actitud demostra més principis que qualsevol campanya de valors de pa sucat amb oli del Barça.

Guardiola va ser veí de la meva àvia. Ella ni tan sols ho sabia, però un servidor, que és més xafarder, va descobrir-ho i ho va callar. La meva àvia materna viu al carrer de la Reina Victòria, entre Ganduxer i la Via Augusta. Parlo del triangle de les Bermudes de l'ordre; aquí va residir-hi Guardiola i estic convençut que va marxar a Munic per no veure's absorbit per les forces paranormals del lloc. En aquest codi postal, el 08021, el d'aquest racó de Sant Gervasi, el Partit Popular és el partit més votat. Que el PP pugui ser l'opció favorita dels seus veïns és una excepció tan gran a Catalunya que mereixeria una tesi doctoral.

Guardiola compartia sobretot una cosa amb els seus veïns del PP: els diners. Per ser fidels a la realitat, els seus veïns no eren ni de bon tros tan rics com ell; el doctor B., que va ser el meu pediatra i que també és veí de la meva àvia, es permet conduir el seu Jaguar i segurament gaudir d'un parell de segones residències: és a dir, el que guanya Guardiola en dos mesos. Un altre punt en comú entre Guardiola i els seus aleshores conciutadans de la zona era la discreció. Tothom al barri sabia que l'estrella del Barça vivia allà, però no el destorbaven ni l'inquietaven amb les adulacions que rep de la massa: Guardiola residia a Ganduxer per poder ser *un ciutadà més*.

Una tarda vaig descobrir que des del despatx del pis de la meva àvia podia veure les dependències de la família Guardiola. Les finestres de la seva cuina i les del meu escriptori estaven separades per quaranta metres, per damunt d'un porxo que condueix a la piscina comunitària del nostre bloc. La meva reacció, immediata, va ser deixar de mirar. Incòmode, sentia que havia envaït la privacitat d'aquella gent. No vaig tornar a fer-hi un cop d'ull mai més, però vaig explicar-ho a la meva àvia; amb prou feines li sonava el nom de Guardiola, i sobretot no tenia el més mínim interès per saber quina mena de vida feia aquell senyor allà al davant.

Hi ha una manera de fer al món de l'ordre que instrueix que les xafarderies es produeixen a porta tancada i mai de cara a l'exterior; fins i tot els porters d'aquesta zona de Ganduxer, immigrants espanyols o asiàtics, tots uniformats amb la mateixa bata blau llampant, no t'informen de res per molta confiança que hagis establert amb ells després de tants anys. En Jesús, el porter de l'antiga residència familiar al carrer Buïgas, mai em va dir el nom dels autors d'una orgia que es va perpetrar un cap de setmana a la piscina de l'edifici. Jo el que volia era felicitar-los, però en Jesús era com una tomba. Potser els pares de l'interfecte que va organitzar la bacanal eren molt generosos amb ell quan pujava la nit de Nadal a recollir l'*aguinaldo* –en català correcte direm «estrena», però depenent d'on sigueu, i naturalment a l'Upper és així, si demaneu l'estrena no us entendrà ningú.

En Jesús és un gallec alt i fornit, d'abundant cabell negre com el carbó, al cap, al nas i a les orelles. Home afable, té una petita habitació al damunt del garatge on guarda el material indispensable per a la seva feina, les cartes dels veïns i també objectes per mi preciosos, tresors abandonats al carrer, fins i tot algun animaló convalescent. La seva dona treballa en una finca conjunta, també com a portera, també amb una bata blau llampant, la d'ella sempre més neta. Gairebé no tenen vacances perquè la comunitat de propietaris no els en concedeix, només descansen les tardes de dissabte i els diumenges. Sempre són amables, però.

Els porters acostumen a ser una extensió dels seus amos. En Jesús és d'una dreta rància gallega que combrega perfectament amb el paper de protector de l'ordre de la comunitat. El porter substitut de casa la meva àvia intentava col·locar-me exemplars de *La Razón* que li regalaven no sé on. Ell sabia que soc periodista a *El País,* potser per això em feia la falca publicitària del seu diari amb tanta insistència, perquè viu en un món passat en el qual *El País* encara és considerat d'esquerres.

La meva àvia és sòcia de diamants del Barça –o d'or, o com se'n digui dels socis que en són des de fa més de cinquanta anys. Només ha estat al Camp Nou per recollir la medalla; si havia presenciat algun partit, era a l'antic camp de les Corts. La meva altra àvia, en pau descansi, sòcia compromissària i també propietària d'una medalla a la veterania, tampoc no havia estat mai al Camp Nou. El més a prop que la meva àvia ha estat del Camp Nou és quan em recollia de petit al Club de Polo després de fer classes de tennis. Conduïa un Audi 80 de les primeres generacions, cotxes quadrats i grossos, tancs que en aquell moment a Barcelona cridaven l'atenció. Ja aleshores –mitjan de la dècada dels vuitanta, jo tenia uns deu anys– jo devia sentir culpabilitat de classe, perquè passava vergonya observant els carrers i la grisor de la Barcelona preolímpica des de l'interior d'aquell vehicle. Entrava ràpid al cotxe i m'arraulia al darrere perquè ningú no em veiés. Per tornar a casa, la meva àvia agafava el carrer de la Facultat de Belles Arts, que connecta amb la ronda del Mig per sota de l'Hotel Princesa Sofía. Allà encara m'amagava més, però per instruccions de l'àvia, que m'obligava a tancar els ulls: a una banda i l'altra, els travestis oferien el seu cos als conductors, mostrant el pitram artificial i el penis amagat en una calceta o, encara millor, penjant al descobert, ben noble. Evidentment, jo no tancava els ulls i al·lucinava. Com pot ser que hi hagi dones amb penis?

I què feien allà enmig del carrer, la ciutat ja fosca, mostrant el cos? El centre de l'escena era el bidó que utilitzaven per fer una foguera i escalfar-se. Les flames que il·luminaven la nit, entorn de les quals les transsexuals s'escalfaven el cos mentre esperaven el client. La meva àvia accelerava l'Audi 80, i jo seguia l'escena amb el cap, girant-me dissimuladament.

Rajoles hidràuliques

Per què són del Barça les meves àvies? Perquè el Barça és més que un club, és postureig social. El postureig de l'àvia no és pas el postureig de la multitud, però hi té a veure: és la necessitat de sentir-se part d'una comunitat, i en les seves latituds la tribuna del Camp Nou i *La Vanguardia* encara són peces fonamentals d'identitat, siguis de la ideologia que siguis. A la meva àvia se li'n fum qui són Guardiola o Messi, si els socis que més criden són independentistes o vegans; ella i el seu entorn tenen inserit un xip que els instrueix en unes maneres socials, ser del Barça o celebrar el dia de Sant Esteve en família.

Els meus avis paterns tenien una llotja al Liceu. El meu avi s'hi adormia de manera sistemàtica, segons relatava la meva àvia. En els trenta-vuit anys de vida que vam compartir ella i jo, mai la vaig sentir parlar d'òpera. Per què, doncs, anaven al Liceu si per mi era evident que el seu interès pel *bel canto* no anava més enllà del tòpic d'escriure *bel canto*? Perquè era un senyal d'identificació amb el grup.

La coherència, de nou, aquí l'entén cadascú com vol. El comte de Godó considera la independència una *boutade*, però és propietari d'una ràdio –RAC1– que viu en bona part de vendre l'esperança de la independència. A casa meva hi ha gent que s'ha fet independentista escoltant RAC1, mentre llegien *La Vanguardia*. Malgrat tot, Godó és un dels darrers mohicans de l'ordre, com també ho era José Manuel Lara. El grup Planeta és propietari de *La Razón*, òrgan d'informació del govern del PP, i de La Sexta, la televisió que va fer més per projectar Podem. Com s'entén això? *Business is business*, i ningú se n'ha de sorprendre, com ningú es posaria les mans al cap si Casa Tarradellas comercialitzés pizzes de bacó alhora que amanides *eco-bio* envasades.

No tinc cap relació personal amb la família Godó. Passo a vegades per davant de la torre de Javier Godó, al passeig de Reina Elisenda, sobretot quan portava el gos al parc de l'Oreneta o quan necessito fugir del món tancant-me al monestir de Pedralbes. En alguna ocasió havia coincidit amb ell al restaurant Ca l'Isidre, al Raval. Ca l'Isidre, el difunt Casa Leopoldo i El Passadís d'en Pep han estat restaurants i alhora una mena de pisos francs per a la gent d'ordre que vol baixar a Ciutat Vella. L'única vegada que he parlat amb el fill del *conde* va ser per accident. Jo tenia vint anys i dinava amb un amic en un restaurant de menú de Major de Sarrià; potser portava deu minuts de soliloqui desbarrant de *La Vanguardia*. Aquest diari forma part del meu ADN –potser entre tots a la meva família hem sumat dotze subscripcions–, i en conec prou bé els punts forts, els vicis i defectes per atrevir-me, en el futur, a escriure un llibre sobre la meva secció favorita, la dels *Semáforos*. Estava desbarrant de *La Vanguardia*, doncs, quan de la taula del darrere em va saludar una coneguda que compartia l'àpat amb la seva parella: el futur *conde*. Va ser una experiència desastrosa, d'aquelles que modifiquen la meva manera d'actuar. Hi ha persones que ensopeguen amb la mateixa pedra de manera reiterada; servidor té molts defectes però aquest no n'és un: quan quedo en evidència així, difícilment torno a espifiar-la.

El revés més fort que he rebut en aquests termes va ser per part de la meva besàvia Carmen. Vaig conèixer les dues besàvies; totes dues van morir quan jo era adolescent. L'àvia Carmen va traspassar quan jo en tenia catorze. Era una dona esplèndida. Vestia amb una elegància fora de categoria, pròpia dels anys trenta, malgrat que els seus últims anys no volia sortir de casa i es desplaçava en cadira de rodes. Mai la vaig veure fora del seu pis del carrer Muntaner. Un diumenge al mes, el meu pare ens portava a berenar a casa d'ella. Si feia calor ens servia galetes amb un got de llet freda; si feia fred, el meu pare comprava castanyes i moniatos. Em perdia pel pis, entre olors de vell, mobles de fustes envernissades i amb ornaments gravats a mà, mobiliari difícil de trobar avui però aleshores habitual i clònic en aquella burgesia de l'Eixample que caricaturitzava Josep Maria de Sagarra. Cada apartament replicava els mateixos mobles Bull, la mateixa orfebreria de plata, els mateixos quadres d'Urgell i també les mateixes rajoles hidràuliques amb flors i figures geomètriques estampades, rajoles que produïen en fàbriques com la que hi havia a l'actual Parking Manhattan, al carrer Aragó cantonada Diagonal. Les rajoles com les de la besàvia cobreixen el terra d'aquest garatge, un tribut al passat dels hereus de l'antiga fàbrica.

A casa la besàvia em distreia espiant els veïns des de la galeria que donava a l'interior de l'illa, regirant la cuina, tota de marbre gastat però més net que el cul d'un nadó gràcies a l'esforç de la minyona, una senyora gallega esquifida i amb nas de bruixa. La meva besàvia era un vestigi de quan la casa de perfums Segura era al capdavant del sector. Hi havia un no sé què de gran dona en la seva manera de parlar, de mirar-te, fins i tot en la seva manera de moure's malgrat que era minusvàlida. Ulls pintats com la Gloria Swanson que en un moment et fitaven amb amor i a l'altre amb l'escrutini d'un jutge inquisidor. Els anys passaven i l'apartament de la besàvia deixava de tenir secrets per a mi. Una tarda, impacient per marxar, asseguts al menjador amb el got de llet i les galetes Maria, vaig mirar el rellotge de polsera i ella, amb cara de xai degollat, em va preguntar si tenia pressa. Vaig deixar de dur rellotge.

Anarcocapitalisme

A la cort d'amics inseparables del comte de Godó hi ha personatges paradigmàtics del món de l'ordre. Els meus favorits són Enrique Lacalle, Luis Conde i Josep Maria Xercavins. A tots tres els he tractat breument i per feina. Xercavins és el prototip de fantasma de la zona alta. Cabellera sempre suau i ondulant, ulls de nen trapella, Xercavins ha fet carrera amb l'*import-export* nostrat –el totxo. Farà uns vint anys, els meus caps a la revista *Actualidad Económica* em van demanar que l'entrevistés –coses que sovint s'aparaulen en un còctel a Madrid amb els propietaris de l'editorial; *un abrazo, hombre; nos vemos por Navidades en Baqueira*. No sé quina empresa dirigia aleshores, tampoc sé exactament a què es dedicava, però sé que Xercavins va ser la primera persona que em va dir: «Apunta, que aquest serà el titular que publicaràs».

A Xercavins l'havia vist al Polo sortint dels vestuaris amb unes ínfules i uns aires d'importància que et feien desitjar que aquell home no tingués fills perquè era probable que acabessin fent-se terroristes de la Baader-Meinhof –tot i que, com que sovint m'equivoco, segur que són persones encantadores.

Un altre soci del Polo i bastió de la reserva és Joan Rosell. Rosell era veí meu d'armariet als vestuaris. Els antics armariets del club eren de planxa de fusta; la clau la penjaves d'un suro comunitari. Cada secció tenia un suro amb el número d'armariet escrit amb bolígraf. Qualsevol podia agafar la clau i robar-te les pertinences, tot i que això no acostumava a passar. Rosell es comportava com un tipus cordial i normal, dins la normalitat que pot tenir una persona que el 1987 –coincidint amb l'època en què ens dutxàvem junts– escrivia això a *La Vanguardia*: «El futur del capitalisme és l'anarcocapitalisme. El problema de l'economia és que cal més capitalisme. Tots els problemes venen per una manca de capitalisme. Per això és necessari un capitalisme més dens, més profund, sense escletxes per a l'intervencionisme desmotivador i paralitzant, un capitalisme en tota la seva amplitud; això és la llibertat econòmica en el seu màxim nivell sense limitacions i intervencions. És l'anarcocapitalisme, o qualsevol altre nom que es vulgui inventar. En definitiva, la llibertat econòmica pura i simple». Aquest senyor va ser fins al 2018 president de la CEOE, la patronal espanyola. Compartia dutxes amb un anarquista del capitalisme. És inevitable plorar per la desaparició d'un món així.

Cinc seients buits

L'altra figura que destaco de la cort de Javier Godó és Luis Conde. És president d'una empresa de recursos humans, una companyia de caçatalents per a grans corporacions. Conde és essencialment un relacions públiques de primera. Els mitjans de comunicació, del color que siguin, li fan la gara-gara, i sense necessitat de publicitat a canvi. El vaig entrevistar l'any 2001, quan jo treballava a *Actualidad Económica*. No tinc present quin va ser el resultat publicat de l'entrevista, segurament perquè no tenia cap mena d'interès. El 2015 va publicar un llibre titulat *La fórmula del talento y Mahler*. La portada incloïa un resum del contingut de l'obra: «T = (C + V) × A = Mahler. Talento es igual a Conocimiento más Valores, todo ello multiplicado por la Actitud».

Recordo haver fet un cop d'ull, durant esperes en aeroports xinesos, a un munt de manuals d'autoajuda amb fórmules similars a la coberta; eren llibres escrits per gurus dels negocis que suposadament havien aixecat un imperi del no-res i que, juntament amb la guia per triomfar, et venien un DVD amb les seves conferències i els seus trucs per saber comunicar. Em quedava embadalit davant la pantalla del televisor que projectava les conferències promocionals del guru-empresari de torn, fascinat pel perfecte perfil d'estafador que molts d'aquests aconseguien. Suposo que és precisament aquesta aura de geni de l'estafa, que et roba la cartera i encara l'hi agraeixes, el que els fa tan atractius.

Conde no sembla un personatge brillant, però els resultats demostren que sí que ho és; també és amic de qui ha de ser amic, i és fàcil trobar-se'l on s'ha de ser. El programa *El Matí de Catalunya Ràdio* em va enviar el 2015 a enregistrar una crònica d'una festa d'aniversari de Conde. Va decidir celebrar els vint-i-cinc anys de la seva empresa amb mil convidats, llogant el Palau de la Música per a un concert de l'Orquestra Simfònica del Vallès, a qui també devia remunerar. El factor sorpresa és que ell va dirigir l'orquestra, o pretenia dirigir l'orquestra, interpretant una simfonia de Mahler.

Conde, com altres personatges del món de l'ordre que conec, s'ha aficionat a la música clàssica en la maduresa. No només va aprendre a apreciar la música, també va desenvolupar un tel esnob que va degenerar en el seu intent de ser director d'orquestra al Palau de la Música. Conec tres, quatre i fins a cinc prohoms de l'ordre que s'han aficionat a l'òpera en la maduresa. Tots ells podrien sintetitzar-se en un personatge de la pel·lícula cèlebre argentina *Relatos salvajes*: un milionari ha de fer front a una desgràcia de trànsit causada pel seu fill, un postadolescent malcriat –un producte dels seus pares. En l'accident ha mort gent. Com salvar el nen de la presó? Simulen que qui conduïa el cotxe era el jardiner. El jardiner accepta el negociat a canvi d'uns diners; el fiscal accepta formar part de la conxorxa a canvi de més diners. L'advocat del milionari és qui mou els fils de l'operació, i ell vol encara més diners. El milionari, fart que tothom el vulgui ensarronar amb xantatges pecuniaris, decideix tancar-se a la sala de música amb una òpera sonant en un equip de música. Mentre escolta l'òpera, la seva dona i l'advocat li parlen a través de la porta, per mirar de convèncer-lo perquè pagui la morterada a totes les parts implicades i salvi així el fill. El jardiner acaba assumint la culpabilitat i quan surt de la casa, detingut, cap a la comissaria, el pare d'una de les víctimes el mata a cops de martell.

Del miler de convidats per Luis Conde al Palau de la Música, qui més cridava l'atenció era Rodrigo Rato. L'exministre, exdirector del Fons Monetari Internacional i expresident de Bankia ja havia caigut en desgràcia judicial, i entre ell i la resta del públic a la platea s'havien deixat cinc seients buits. Conde, igual que Vila Casas o Guardiola, demostrava una gran dignitat convidant l'empestat de Rato a la festa. Evidentment, bona part dels convidats no van compartir la decència que va demostrar Conde, i van fugir de Rato com si no li haguessin fet la pilota en els millors anys de la bacanal econòmica.

Conde és un home que durant uns anys va mirar de vetllar pel consens polític i social del país. A la seva masia empordanesa, s'hi organitzaven uns àpats de germanor amb el bo i millor de la classe política i econòmica catalana. Aquest conclave estiuenc l'havia celebrat anteriorment el director de cinema Pere Portabella. Els suquets d'en Portabella eren una cimera de l'ordre que amb els anys ha degenerat en un canvi de camisa a la catalana –pel que fa a les camises, vegeu les paraules de Vila Casas citades anteriorment. Portabella hi ha continuat convidant la seva colla de l'esquerra guapa i culta de tota la vida, però també el president d'Òmnium Cultural, Carme Forcadell o Ada Colau; l'empresariat que ara hi va són els patrocinadors del procés, els Carulla, Ferran Rodés i algun industrial –en queden pocs– de consens com Marc Puig, president del grup de perfumeria i cosmètica Puig. En un article que vaig escriure el 2016, Jordi Borja, intel·lectual d'aquella esquerra *guai – som PSUC*, amic d'en Portabella, em descrivia amb unes poques paraules el canvi de fons, el perquè de tot plegat: «El suquet [del 2016] va servir per evidenciar una renovació de les elits. Les cares més conegudes eren diferents de les de fa quatre o cinc anys».

Aquests aplecs avui no es divulguen públicament com abans, quan la comunió de la societat civil era ben vista o, en el pitjor dels casos, únicament ignorada. Les trobades d'uns i altres són excepcionals, i, si els mitjans de comunicació en fan difusió, legions de crítics s'abraonen sobre els seus participants. En va ser exemple la boda de la filla de Jaume Giró, aleshores director general de la Fundació La Caixa, el maig del 2019 a Calella de Palafrugell. Es van filtrar imatges de patricis catalans com Javier Godó, o del poder de Madrid com Florentino Pérez o José Luis Rodríguez Zapatero, compartint vetllada amb polítics independentistes com Pere Aragonès o Artur Mas, o amb fars del tertulianisme com Pilar Rahola o Pedro J. Ramírez. En la societat de trinxeres que és avui Catalunya, aquesta convivència puntual va provocar un rebuig monumental de les tropes militants.

«Vivan los bribones»

Conde té altres aficions adients al seu perfil d'home de la reserva de l'ordre. La nàutica és la seva altra gran passió; fins i tot va escriure un llibre sobre una fallida travessa atlàntica. Totes les redaccions de diaris tenen una taula on els periodistes de la secció de Cultura van deixant els llibres que reben i que no necessiten. Entre les piles de títols que s'acumulaven a la redacció del diari *Ara* –on vaig treballar–, l'exemplar que possiblement més vaig fullejar va ser el de Conde i la seva aventura marinera. Era un llibre d'edició limitada per regalar a amics i a influències variades. El veler de Conde va naufragar a Cap Verd, afortunadament sense haver de lamentar la pèrdua de cap vida humana. L'editor de Conde, Ramon Balasch, resumia el 2014 a *Las Provincias* els ets i uts de l'incident: «En Luis va contractar un capità que era nefast. Només estava pendent d'una dona que viatjava amb ell. Allò va servir a en Luis per saber que a la vida, com als negocis, no ho pots tenir tot controlat. Uns anys després va compartir [amb els amics] el whisky i els cigars que va rescatar del *Tolimen* [el nom del veler]. I es va comprar un vaixell més gran i amb més tripulació. Fins i tot va adquirir un port per atracar-lo, la Marina de Palamós».

A la solapa de *La fórmula del talento y Mahler* s'hi descrivia l'autor d'aquesta manera: «Havent complert amb els tres manaments tradicionals, en el seu cas, tenir vuit fills [avui procrear molt a Occident és senyal d'ordre], plantar quatre-centes oliveres [arbre mil·lenari, com el record que tindrem d'ell] i escriure un llibre [l'ego que tots tenim ho exigeix], Luis Conde es va fixar tres nous reptes a la vida: creuar l'Atlàntic a vela, elaborar un bon vi i dirigir una orquestra. A partir d'aquestes tres experiències, l'autor explica la seva fórmula personal del talent, aplicable tant a la vida laboral com a la persona».

Aquest text és la targeta de presentació del que a la reserva de l'ordre es coneix com un *pijoloco*.

Pijoloco és un concepte creat pel meu pare, com també ho és *la Bíblia*, per referir-se a *La Vanguardia*. Enfront del *pijoloco* hi ha el *pijoprogre*. Són germans, són fills de la mateixa mare, comparteixen plaers però entenen la «consciència de classe» de manera oposada. A la novel·la *El cau del conill* vaig definir-los d'aquesta manera:

La zona alta de Barcelona està habitada per dues espècies de la mateixa família animal: els *pijoprogres* i els *pijolocos*. Aquest Gil de Biedma és un espècimen de campionat de *pijoprogre*: una persona de casa bona que no assimila del tot la seva condició social i sent la necessitat d'aparentar solidaritat amb els menys afortunats. Però ressalto que només és una aparença, un divertiment que el fa sentir millor. Els *pijolocos*, al contrari, han assimilat massa bé que són uns privilegiats; viuen la vida dissolutament, sense que els importi res més que la seva felicitat [...] Jo soc un pal de paller, la tercera espècie. Els pals de paller mantenim ferm l'envelat. Som el punt d'equilibri. En ocasions hem impedit que els *pijoprogres* obrissin la porta a l'extrema esquerra i es proclamés una república soviètica. Però també hem frenat la disbauxa del *pijoloco*, que té com a ideal polític un sistema capitalista com menys democràtic, millor, i que li permeti fer el que li roti.

Un dels *pijolocos* més perfectes que he pogut analitzar és José Cusí, «el armador del rey». Cusí, català, és un dels millors amics del rei emèrit, Joan Carles I. Tots dos han gaudit d'una vida d'oci i passió per la mar. La funció de Cusí sempre havia estat distreure el rei. En una entrevista del 2011 per a *La Vanguardia*, Cusí relatava sense voler l'origen dels *pijolocos*, el seu *big bang*: la «pau social» que va imposar el franquisme:

–Periodista: Va ser monitor de tir de Franco.

–Jo havia guanyat diversos campionats d'Espanya de tir al plat. Si Franco s'hagués interessat pel tennis, no tinc cap dubte que Santana hauria passat pel Palau del Pardo. La cosa va anar així: un bon dia, Fernández Villavicencio, que era cap de la Casa Civil, em va trucar a casa. La meva mare va obrir-me la porta de casa preguntant-me: «Què has fet, que ens han trucat del Pardo?». Vaig haver de jurar-li que no havia fet res mal fet, ni havia matat ningú d'un tret. M'havien trucat per veure si podia fer d'instructor de tir durant una temporada. Tiràvem al plat, amb escopeta de caça; al principi, [Franco] no n'encertava cap. El primer dia, jo tremolava. Però hi va haver una connexió molt bona, durant molts anys. Al final va acabar tirant bé. També vaig poder acompanyar-lo en algunes caceres. Hi ha qui diu que li posaven perdius davant, i no és veritat, ho feia bé.

–P: I un dia, allà, hi va conèixer el príncep.

–Me'l van presentar en una d'aquelles caceres. Vaig estar dotze anys amb el general, i en tinc records molt bons. Una de les seves escopetes, me la va regalar abans de morir. La tinc a casa. La va acompanyar amb una carta amb molt d'afecte en què va escriure: «Pels molts anys que hem passat junts». Sempre em deia, amb la seva veueta característica: «I tu, José, com és que mai em demanes res?». Un dia li vaig comentar: «General, avui li vull demanar una cosa. M'agradaria tenir un Seat 600, però hi ha una cua inacabable i no vull esperar mesos per comprar-me'n un». L'endemà de fer la petició, ja tenia el meu 600 a casa. Era de color verd oliva. Vaig trucar-li per donar-li les gràcies: «T'ha fet il·lusió?». Vaig respondre-li que moltíssima. Aleshores em va etzibar: «Ara l'has de pagar. No et pensis que això és gratis». En vaig pagar unes 60.000 pessetes.

[...]

–P: Què faran amb el *Bribón*? S'emportarà el timó a casa?

–El timó no ho sé, perquè és del patró. Però el pal, si puc, sí. M'agradaria endur-me'l a la masia com a record, perquè continuï brandant la nostra bandera.

–P: No senten nostàlgia d'abandonar les regates?

–Suposo que una mica d'enyorança sí que la sentim, però seguirem navegant, tot i que no sigui en vaixells de competició. Jo m'he retirat de la natació, del waterpolo, del tir. Ara li toca a la vela, per la difusió de la qual vaig tenir l'honor que el Consell de Ministres em concedís la Creu del Mèrit Naval. Al rei i a mi ens queda l'afició per la caça. Amb el rei hem criat gossos de caça. En tinc un d'especialment bo. Per cert, entre els molts animals que conviuen a la masia, també tinc un lloro molt xerraire que és la mascota de la meva dona Inés, que diu «Viva España» i «Vivan los bribones» quan algú entra a casa. Així doncs, si és el monarca qui ho fa, queda impressionat.

És difícil trobar en tan poques línies tantes característiques que defineixin què és un *pijoloco*. Essencialment es tracta de despreocupació, d'amoralitat i de manca de consciència –tot i que no sempre hi són presents les tres. Una espècimen important de *pijaloca* pot ser Mercedes Milá, un circ de personatge que sembla que mediti poc el que diu o el que fa, i que és capaç de defensar que *Gran Hermano* –programa de televisió que va presentar durant anys, un dels cims de la televisió porqueria– és en veritat un gran treball de recerca sociològica. Milá va tenir una sèrie televisiva protagonitzada per ella i pel seu gos. En el primer capítol, Milá es feia unes proves mèdiques de femtes: hi apareixia portant la seva caca al metge, dins la bossa de mà, embolicada en paper. Després de desembolicar-la, la col·locava damunt d'una taula de ferro d'un jardí sumptuós i la remenava amb el dit, tot enregistrat per les càmeres. L'essència del *pijoloquismo* també és que se te'n foti el mort i qui el vetlla.

Ricardo Bofill júnior, fill del gran arquitecte Ricardo Bofill Levi, entraria en aquest col·lectiu per la porta gran. Durant la seva joventut es va significar per la disbauxa i per ser, com es va definir ell mateix un cop, «un animal de circ». Fa anys que s'ha civilitzat, treballa al despatx d'arquitectura del seu pare i passa l'any supervisant projectes que han guanyat en potències emergents i que demanen construir a l'engròs i sense gaires miraments, com Rússia, la Xina, l'Índia o Veneçuela.

Hi ha unes imatges de Bofill Jr. del 2016, en unes jornades d'inversors en un fòrum econòmic a Sant Petersburg, on apareix vestit amb una americana blau marí, el mocador a la butxaca de la solapa, pantalons beix i mocassins sense mitjons: la fila que fa és la d'un cònsol honorari retirat a les Seychelles després de fer-les de tots colors. En una entrevista que em va concedir a principis del 2019, Bofill em va explicar que al despatx estaven implicats en projectes amb governs poc democràtics i que en la seva feina això era una limitació significativa, però tot seguit va afegir: «Com diu el meu pare, mentre no sigui per a Hitler, podem continuar treballant-hi».

Ricardo Bofill Levi havia estat membre del PSUC, i va instal·lar-se a França durant el franquisme per evitar problemes; l'avi d'en Ricardo Jr. era l'arquitecte Emili Bofill, un catalanista de pedra picada, fill d'un metge compromès amb la ciència i amb la pàtria. Emili Bofill i la seva dona, la italiana Maria Levi, senyora de Bofill, van ser un far durant la dictadura per al món cultural barceloní. Això escrivia Joan de Sagarra el 1993 a *El País*: «En aquells anys, qualsevol que fos o aspirés a ser algú a la *Gran Encisera* havia de provar forçosament la pasta –i quina pasta!– de Maria Levi. Als sopars que muntaven a casa seva l'Emili i la Maria, un podia trobar-se amb Andy Warhol, amb Pasolini o amb Monica Vitti, i, en el pitjor dels casos, amb Baltasar Porcel». Bofill Jr. és un tipus encantador, generós, amb un *savoir faire* característic de les persones que mai han patit mancances. No s'hi detecta maldat, en ell, tampoc en Mercedes Milá; és fàcil ser-ne amic si ets mínimament obert de ment. Bofill Jr. és producte d'unes circumstàncies, és un bon exemple de com l'esquerra caviar va tancar el cercle de l'ordre projectant els seus fills cap a una dimensió paral·lela on no existeixen ni el valor de l'esforç ni la mesura. Aquests havien estat precisament els trets burgesos dels seus ancestres, allò que, per creure's d'esquerres, volien deixar enrere.

Personalment considero que el *pijoloco* és un tipus psicològic més sa que el *pijoprogre*. Jo he estat un *pijoprogre*, de manual. El *pijoprogre* té, presumptament, un càrrec de consciència per ser de casa bona que el fa solidaritzar-se amb els més desgraciats. Aquesta actitud fa que s'entrebanqui amb constants incongruències que ell, amb culpa cristiana, mira de corregir votant partits d'esquerres o difonent a Facebook les imatges d'un desnonament o d'una massacre de foques al Canadà.

Si José Cusí seria el *primus inter pares* del *pijerío loco*, un paradigma de *pijoprogre* és el poeta Jaime Gil de Biedma, perquè el seu esperit progressista es forja durant el franquisme, i sobretot perquè és conscient de la farsa que s'autoimposa. Heus aquí uns versos de Gil de Biedma del 1959:

A vosotros pecadores
como yo, que me avergüenzo
de los palos que no me han dado,
señoritos de nacimiento,
por mala conciencia escritores
de poesía social.

Potser no hi ha res millor per exposar-ho que les paraules escrites a la novel·la *Últimas tardes con Teresa* per Juan Marsé, amic de Gil de Biedma i testimoni en primera persona de l'eclosió del progressisme de casa bona:

Crucificados entre el maravilloso devenir histórico y la abominable fábrica de papá, abnegados, indefensos y resignados llevan su mala conciencia de señoritos como los cardenales su púrpura, a párpado caído humildemente; irradian un heroico resistencialismo familiar, una amarga malquerencia de padres acaudalados, un desprecio por cuñados y primos emprendedores y tías devotas en tanto que, paradójicamente, les envuelve un perfume salesiano de mimos de madre rica y de desayuno con natillas: esto les hace sufrir mucho, sobre todo cuando beben vino tinto en compañía de ciertos cojos y jorobados del barrio chino.

* * *

Els *pijoprogres*, generalitzant, no tenen gaire sentit de l'humor. La seva culpa cristiana i la seva croada per salvar el planeta no admet bromes. Una contracrònica que va generar alguns insults contra la meva persona, i per part de gent que vivia a cent metres de casa meva, és aquest text del setembre del 2014 sobre un míting dels comuns d'Ada Colau a la plaça de l'Ajuntament de Sarrià:

> La progressia de Sarrià-Sant Gervasi es va reunir ahir a la plaça de la Vila per donar la benvinguda a Guanyem. Joan Subirats, un dels líders de la plataforma, va encetar la seva intervenció lluint galons: va recordar els anys en què va ser president de l'AMPA de l'Orlandai, l'escola pública de referència de Sarrià. Amb això i la presència d'Ada Colau –«que bé que parla aquesta noia», repetia una coneguda meva, ben bronzejada de les vacances a Menorca–, Guanyem es va ficar a la butxaca com a mínim una cinquantena de vots. És el nombre de firmes que van recollir, suports que en altres circumstàncies anirien en bona part a Iniciativa.
>
> Era difícil trobar diferències entre l'aplec de Guanyem i una assemblea d'ICV: el discurs és similar; l'estètica dels presents, idèntica; potser hi havia un missatge antisistema que feia de Guanyem una cosa més alternativa que Iniciativa, però aquesta radicalitat era molt lleugera, com si no volguessin espantar les clientes de la Foix. La diferència

més clara és que a Sarrià ningú va parlar de consultes o de la independència. I això que Guanyem va anunciar ahir que participaria a la Diada de la V, «per visibilitzar les lluites dels moviments socials». L'única vegada que vaig sentir a parlar de la Diada va ser quan un jove vestit amb polo Helly Hansen i nàutics em preguntava: «Això és un acte de la *uve*?».

Rai Carreras, jove del barri i simpatitzant de Guanyem, va admetre que «hi ha dos Sarriàs» i va dir que ells volen que no guanyi més el Sarrià que mana. Els curiosos del Sarrià que mana s'hi acostaven amb comptagotes: un home, executiu, carregant un casc Shoei i fumant un cigar Davidoff, va aparèixer justament quan Colau parlava de desnonaments. Fa una ganyota i fuig. Apareix una furgoneta d'Escofet Oliver, carnisseria de luxe, de la qual baixa un noi ben plantat carregant caixes de *delicatessen*. Mentre buiden la furgoneta de pernils ibèrics i entrecots del Pirineu, un jove es presenta davant del públic com a «veí de Sarrià de tota la vida». El jove porta una samarreta amb una estrella roja. El jove demana que «el nostre model sigui l'empoderament que duen a terme a Veneçuela; o Cuba». El jove demana que no tinguem por de ser anticapitalistes. El jove acaba i l'audiència l'aplaudeix tímidament: són d'esquerres, però de Sarrià.

Al final va prendre la paraula una noia molt motivada que va demanar «als *pijos*» que saludin els veïns i que passin pel centre cívic a tocar la guitarra. Ella no es considera *pija* però va fer una cosa molt de *pijos*, que és dir d'algú que és «moníssim»: «L'Antoni, l'avi de la botiga de plàstics, que té uns 90 anys i és moníssim. Saludeu-lo!»

Fer esment del «moníssim» em va costar un reguitzell d'improperis perquè els amics de la noia consideraven que ella no era cap *pija*, perquè vivia en un pis compartit sense suport familiar, només depenent del seu esforç. Aquesta noia treballava/col·laborava aleshores a la Casa Orlandai, el centre cívic del barri. És l'antic edifici de l'escola pública Orlandai; l'espai és preciós i probablement un dels millors centres d'activitats veïnals de Barcelona. A l'Orlandai s'hi apleguen persones de tota condició, també l'esquerra jove més combativa que de manera conscient o inconscient vol trencar amb l'aburgesament de la seva família. Com que potser mitja dotzena dels que m'insultaren són habituals de l'Orlandai, hi va haver una època en què la meva parella, la Paloma, quan passàvem per davant del centre cívic em deia que anés amb compte, que allà hi havia els ninjes a punt de saltar-me al damunt amb *nunchakus* i *shurikens*.

El sector de l'esquerra més actiu en la reivindicació al barri són els nois i noies d'Arran. Hi ha una paret al passatge Canet on de tant en tant apareixia la mateixa pintada: «Sarrià és de qui el viu, no de qui el paga». Els serveis de neteja de l'Ajuntament l'acostumaven a esborrar però la pintada tornava, i a vegades tornava amb la signatura d'Arran, que és una organització que serveix de joventuts de la CUP. A les eleccions municipals del 2019, 1.839 veïns del districte de Sarrià i Sant Gervasi van votar la CUP –el 2,3%, d'un total de 78.296 votants. Els humans votem en bona part per identificació amb la tribu, i la CUP ha sabut atraure una mena de barceloní d'entre 30 i 45 anys, que sovinteja l'Heliogàbal, recitals de poesia noruega i que es considera antisistema, però de portes enfora de casa seva i del seu negoci; un barceloní que treballa en editorials, discogràfiques, despatxos d'arquitectes o en estudis de disseny –a Barcelona hi ha més dissenyadors que coloms–, i que considera que votar la CUP *mola* i és de justícia moral.

L'esquerra-esquerra té revolucionaris que no pretenen fer gràcia –hereus directes de la FAI i de la CNT–, però n'hi ha que ho consideren un *modus vivendi* entorn de la protesta. Durant els aldarulls pel desallotjament de la casa okupa de Can Vies, a Sants, el 2014, cada dia coincidia als ferrocarrils amb joves antisistema que vivien a Sant Cugat del Vallès, a casa dels pares, i que agafaven el tren disposats a passar un dia d'aventures a la capital.

La CUP a Sant Cugat obté uns resultats fenomenals i actualment hi governa en coalició amb ERC i els socialistes. Dins de la demarcació de Sant Cugat hi ha un nucli urbà, la Floresta, on els anticapitalistes són especialment forts. La Floresta va començar a ser desenvolupada fa cent anys com a urbanització, en una operació immobiliària de la Barcelona Traction, Light and Power Company, popularment coneguda com *La Canadenca*. Aquesta empresa de capital nord-americà va impulsar a Catalunya serveis fonamentals, sobretot, la xarxa elèctrica i les línies ferroviàries del Vallès. Per arrodonir els beneficis de la inversió, el fundador de La Canadenca, Frederick Pearson, va idear aixecar al voltant de la línia de tren nuclis suburbials a l'estil dels Estats Units, per a barcelonins amb possibles que volien treballar a la ciutat però viure fora d'ella. La idea no va quallar inicialment i la Floresta es va convertir en un destí d'estiueig. Però a partir de finals del segle XX, aquell concepte primigeni va tornar i moltes d'aquestes segones residències van passar a ser els domicilis dels nets dels que les van construir. El perfil del votant de la CUP de la Floresta és similar al dels ninjes de Sarrià, però és més feréstec, segurament per estar més aïllats, enmig del bosc: s'hi poden trobar famílies que porten els nens a activitats extraescolars en comunes on no se'ls distingeix pel gènere, o que celebren el solstici d'hivern, en comptes del Nadal, a la tercera residència que els avis tenen al Pirineu. El tió sí que se celebra, perquè avui una família catalana com cal ha de celebrar el tió.

També és normal que la CUP triomfi a Sant Cugat: és el suburbi benestant barceloní més idoni per filmar l'adaptació catalana d'*American Beauty*. El que no em sembla normal és que els antisistema sempre muntin el seu espectacle en barris com Horta, Sants, Gràcia o el Gòtic. El poder que odien resideix a llocs com Sarrià, les Tres Torres, Pedralbes o Sant Cugat; en aquests barris mai hi porten la revolta malgrat que allà també trobaran contenidors per cremar i comissaries dels Mossos d'Esquadra o seus de l'administració pública per apedregar.

La CUP no només captiva joves d'un context benestant i amb molt de temps lliure, també atrau persones de les quals es pressuposa un interès per l'estabilitat del sistema i, per tant, del seu negociat. Conec dos empresaris –un és del món del disseny i l'altre, de la tecnologia aplicada al so; per garantir el seu pedigrí només diré que han aparegut en diverses ocasions a *La Vanguardia*– que diuen que voten la CUP. Tots dos tenen en comú que els surten els diners per les orelles, també que part dels seus ingressos depenen de contractes de l'administració pública. Són personatges que formen part de les noves i fragmentades elits barcelonines. Interrogat un d'ells sobre la seva fidelitat pel partit anticapitalista, l'argumentació que aporta és que primer els vota perquè és independentista –és independentista des de fa dos dies, com qui diu, perquè ell també va tenir una sobtada revelació divina segons la qual Espanya és una tirania que ens espolia– i segon, perquè el sistema necessita una sacsejada.

La incongruència d'aquests personatges apareix cruament exposada amb Jaume Roures, el president de Mediapro. Aquesta empresa és un gegant audiovisual, com a productora i com a gestora de drets televisius de diversos esports arreu del món, el més llaminer, el futbol. Els drets televisius del futbol són possiblement un dels negocis més especulatius i tèrbols del capitalisme contemporani. Ho és tant que Mediapro ha hagut de reconèixer que tres directius seus van subornar alts càrrecs de la FIFA per obtenir els drets televisius dels Mundials del 2014, 2018 i 2022. La companyia també va provar de fer fortuna amb una casa d'apostes en línia, entre altres inversions mercantils que ho són tot menys un model de doctrina socialista. Per acabar d'arrodonir-ho, un fons d'inversió de Hong Kong va adquirir la majoria de les accions de Mediapro el 2018.

Tot això ho ha liderat un empresari que afirma haver votat la CUP i que dona suport any rere any a Podem, el partit del seu amic Pablo Iglesias. Un empresari que no només va ser trotskista en la seva joventut, encara avui se'n considera, tal com assegurava el 2016 en una entrevista a *Crític*: «És una filosofia política i un mètode d'anàlisi de la realitat. La situació política d'aquí i de fora ha acabat donant la raó a tot aquest pensament marxista. Amb tots els matisos que vulguis [...] Els rics cada vegada són més rics, i els pobres cada vegada són més pobres». Un actor de referència del capitalisme que idealitza el règim socialista cubà, com va quedar clar en una entrevista del 2016 a Catalunya Ràdio:

–Jaume Roures: Podríem discutir hores sobre Cuba, sobre la visió parcial que en tenim, sobre quines coses són importants o sobre els fets de la revolució cubana, o ens podem quedar amb la imatge esbiaixada, des del meu punt de vista, de la teòrica repressió i totes aquestes coses. Jo crec que la política i la democràcia es mesuren per la defensa d'això que se'n diu l'interès general, l'interès i el benestar de les persones, i si comparem les ràtios de Cuba amb les de qualsevol país d'Amèrica Llatina, Cuba està molt per sobre; i si anem una mica més enllà, podem dir que en ràtios de salut, educació, etcètera, no només estan per sobre dels d'Amèrica Llatina sinó per sobre dels espanyols, en l'erradicació de la pobresa, en l'erradicació de l'analfabetisme, etcètera. El que passa és que en general és més còmode anar posant l'accent sobre si hi ha llibertat d'expressió i coses similars, que també les podríem comparar amb les d'aquí, per no anar tan lluny.

–Periodista: Sempre serà un blanc i negre? En el cas del repàs a Fidel Castro, sempre hi haurà gent qui el continuarà titllant de dictador, i sempre hi haurà qui posarà en valor això que dius.

–Jaume Roures: Nosaltres hem viscut una dictadura aquí, i tenim paràmetres per mesurar el que realment és una dictadura i què no ho és. No hi ha dictadura que duri més de cinquanta anys, com la suposada dictadura del Fidel a Cuba, perquè la gent no suporta les dictadures durant tant de temps, i menys al segle XX i al segle XXI.

–Periodista: Nosaltres la vam suportar.

–Jaume Roures: cinquanta-set anys?

–Periodista: quaranta, que déu n'hi do.

–Jaume Roures: Bé, sí, sí. Però hi havia gent al carrer, hi havia trets, hi havia morts, hi havia tortures, hi havia tot això. Desenes de milers de persones a la presó, processades, i això no passa a Cuba, malgrat el que es digui. I si hagués passat, a l'escala que es diu, no hagués aguantat ni en Fidel ni ningú. Això són lleis de la història, no excepcions cubanes.

L'única explicació possible que tinc pel cas de Roures és el cinisme. El cinisme d'algú que va tenir una joventut humil, obrera i implicada políticament amb l'esquerra més doctrinària, però a qui les lleis de la història, com diu ell, l'han situat al podi de l'economia de mercat, li agradi o no.

Roures no té un ascendent burgès, és un home brillant fet a si mateix, des de baix, però en connivència amb l'administració pública i el poder polític, un tret definitori de les noves classes dominants de Barcelona. Igualment, tal com indicava al capítol *Camises*, s'ha produït una esquerranització de les elits, tot i que la meva experiència em fa pensar que és essencialment un gir retòric en una època de crisis econòmiques i declivi social. És l'esperit de les trobades a casa de Portabella, empresaris milionaris que argumenten que s'han sensibilitzat socialment mentre departeixen al jardí, amb una copa de vi i un bon pernil, amb els seus intel·lectuals de capçalera.

Entre aquests intel·lectuals sobresurt Josep Ramoneda. Filòsof i antic militant de l'esquerra més activista de la Transició, Ramoneda ha estat una de les veus més destacades del diari *El País* i de la Cadena Ser, és a dir, de l'establishment. Va ser el director que va fer gran el Centre de Cultura Contemporània de Barcelona, un projecte de la Barcelona socialdemòcrata i *business friendly* de Pasqual Maragall; és el president del Grup 62, la divisió editorial en català del grup Planeta, és el fundador de l'Escola Europea d'Humanitats, un projecte cultural de la Fundació de La Caixa, i va ser entre el 2016 i el 2019 membre de la junta directiva del Cercle d'Economia, el *lobby* més important del món econòmic i empresarial d'ordre barceloní. I malgrat tot això, Ramoneda ha explicat públicament que va votar la CUP a les eleccions parlamentàries del 2015. Aquestes són algunes de les idees per les quals va votar Ramoneda un any abans d'accedir a la junta directiva del Cercle d'Economia, segons el programa electoral que presentava llavors la CUP:

Forçarem la ruptura amb els estats espanyol i francès a través de l'exercici del dret a l'autodeterminació del poble català i apostarem per una República Catalana que abraci el conjunt del territori nacional, de Fraga a Maó i de Salses a Guardamar.

Impulsarem iniciatives que vagin en la direcció de construir alternatives concretes i de futur al capitalisme en els àmbits socioeconòmic, cultural i polític. Des d'aquesta perspectiva municipalista articularem una nova legalitat i legitimitat popular per bastir noves institucions polítiques radicalment democràtiques a fi d'evitar la regeneració de les institucions polítiques del règim liberal burgès.

La CUP - Crida Constituent rebutja formar part de la Unió Europea, l'euro, l'OTAN i l'Euroexèrcit.

Mirarem d'establir com a prioritaris de la nostra solidaritat internacionalista, a causa del component històric, estratègic i d'arrelament a casa nostra, els següents països: Veneçuela, Cuba i països de l'Aliança Bolivariana per als Pobles de Nostra Amèrica, Colòmbia, Sàhara, Palestina, Kurdistan i Euskal Herria.

Impulsarem les campanyes de boicot que, des del moviment popular i de solidaritat, es duen a terme contra les empreses transnacionals [multinacionals] i els estats que violen els drets humans. Exigirem el compliment de clàusules democràtiques i de transparència en les relacions comercials.

Treballarem pel desenvolupament d'una economia planificada i solidària mitjançant el principi federatiu, la democràcia directa i el control popular, amb l'objectiu de satisfer les necessitats del poble i els drets i interessos de la classe treballadora.

Promourem la nacionalització d'aquelles entitats financeres sustentades pel capital públic. Les entitats nacionalitzades i/o intervingudes seran de propietat pública i estaran gestionades democràticament. Propugnarem la intervenció dels consells d'administració de totes aquelles entitats financeres que hagin rebut, d'una manera o una altra, diners públics, amb l'objectiu de facilitar el crèdit a l'economia productiva i a les unitats familiars.

Suspendrem immediatament el pagament del deute i decretarem l'impagament definitiu de la usura legalitzada, fins a resoldre les necessitats de les classes populars.

Reducció de la jornada laboral: una regulació que tingui com a fita les 30 hores setmanals a curt termini i que aquestes siguin constitucionalitzades, una mesura transitòria immediata a les 35 hores setmanals els 2 dies de descans setmanal, l'accés a la jubilació ordinària als 60 anys, un any sabàtic voluntari i pagat cada 10 de treballats amb dret a conservar el mateix lloc de feina.

«Estàs d'acord amb tot el que diu el programa electoral del partit que votes?», em va preguntar en una ocasió un conegut sarrianenc votant de la CUP. La resposta és, evidentment, no: no estic d'acord amb tot el que inclou el programa electoral del partit que voto, però sortir de la Unió Europea, sortir de l'euro i proclamar una república dels Països Catalans no són detalls, diríem, menors. No és el mateix que optar per un partit que vol apujar un 5% el tram màxim de l'IRPF quan tu vols que l'elevin un 20%. Per a un empresari com Roures, o per a un patrici de Barcelona com Ramoneda, encara hauria de ser més evident la incongruència de tot plegat. La meva tesi és que la frivolitat és un tret fàcilment identificable en la societat catalana contemporània, i entre les classes dirigents de Barcelona, amb totes les necessites solucionades, encara es fa més palès.

Un dia al tennis

La periodista Clara Blanchar em va comentar en una ocasió, mig de debò i mig en broma, que a Barcelona hi ha una xarxa de jubilats amb molt de temps lliure que són el terror de l'Ajuntament. A Sarrià, Jordi Bigues és un d'aquests ciutadans hiperactius que s'impliquen en tota mena de reivindicacions. A tall d'exemple, entre el 22 de setembre i el 7 d'octubre del 2016 vaig rebre al mòbil, de part d'en Bigues, les convocatòries següents: «Dijous vinent 22, a la plaça dels Setze Jutges, volen ruixar glifosat, un maleït herbicida. Hem enviat una carta a l'Ada [per Ada Colau, l'alcaldessa] per aturar-ho»; «Homenatge J. V. Foix a Sarrià: placa al carrer Setantí»; «Dissabte vinent, autòpsia dels residus a la plaça Major de Sarrià»; «Divendres 14, 19 hores: Conferència "El comerç just... Del comerç internacional"».

Jordi Bigues és cosí del director Bigas Luna –el nom del cineasta era Josep Joan Bigas Luna; els seus germans són personatges professionalment superlatius, i de petits vivien tots a Sarrià, al mateix edifici del carrer Duquessa d'Orleans –un carrer tan bonic com el seu nom–. Suposo que Bigues s'ha catalanitzat el cognom. El meu primer contacte amb ell va ser arran d'una promoció immobiliària que Núñez y Navarro volia construir en uns terrenys forestals del parc del Castell de l'Oreneta. La urbanització havia d'aixecar-se al costat del monestir de Pedralbes. Les deu monges clarisses que hi viuen van signar un manifest veïnal que demanava a l'Ajuntament que ho aturés. Bigues em va avisar del suport de les religioses i vaig escriure'n una notícia. Mesos més tard, Bigues em va comunicar que estaven meditant si concedir-me un nou premi veïnal que promovia ell, L'Oreneta d'Or –o un nom similar–, que reconeixia la feina d'algun vilatà per protegir el patrimoni del barri. Poques setmanes després Bigues em va explicar que finalment no hi hauria Oreneta d'Or perquè «els comunistes» del barri, els hereus del PSUC en concret, segons Bigues, consideraven que concedir guardons «és una cosa burgesa».

Els plans de Núñez y Navarro a l'Oreneta es van aturar i el govern municipal va accedir a recompensar l'empresa amb l'estratagema favorita d'aquesta companyia, la bestreta: «Com que no em deixeu construir allà on tinc dret a construir, m'heu de canviar el meu solar per un terreny similar»; normalment li'n donen un de millor. Núñez y Navarro és la constructora per excel·lència de la zona alta. Les seves obres són arreu; al seu fundador, Josep Lluís Núñez –en pau descansi–, també se'l veia en actes socials en què es deixava estimar malgrat que ell també, com Hoeneß, Rato o Urdangarín, era un condemnat per la justícia, fins i tot presidiari. Malgrat això, Núñez no es perdia el seu jorn de visita a l'Open Godó. Me'l vaig trobar dues vegades, sent ja un condemnat per subornar inspectors d'Hisenda, entrant en *loor de multitudes* per l'arc principal del gran certamen tenístic de la ciutat. Encaixades de mà, missatges d'ànim, *un abrazo, José Luis*, i qui no ho podia fer de cara a la galeria –posem pel cas, a l'espai per a convidats del Banc Sabadell– ho feia en un apartat, en un gest discret però de camaraderia que el rei del totxo sabria apreciar. Núñez és una excepció en el rebuig de les elits cap al caigut. Potser és perquè no havia caigut, perquè el seu nom continua elevant-se amb la força de les seves grues.

L'Open Godó de tennis és un dels pocs reductes on la gent d'ordre s'hi pot sentir triomfadora. L'esport és una excusa, el que principalment els interessa és el *village*, «el *networking* que s'hi fa», segons em va explicar el 2013 el president del club, l'Albert Agustí; les persones més properes el coneixen com Beto Agustí, d'Alberto, però institucionalment es diu Albert. L'Open Godó és un espai propici per al convergent d'abans, el de la puta i la ramoneta, aquell home/dona que vivia feliç votant l'*statu quo* nacional mentre xalava amb les victòries de la Roja i de Rafa Nadal. En queden pocs, d'aquests, i el torneig Godó és el lloc per reviscolar velles emocions. En paral·lel a l'Open Godó trobem el Concurs de Salts Internacional del Polo (CSIO), un lloc per a les forces de l'ordre en castellà i la camisa descordada que descrivia Vila Casas. Poden semblar espais similars però no ho són, perquè la lògica sociològica del CSIO és gairebé immutable i la de l'Open Godó flueix segons els canvis del moment. La prova d'això és que el rei Joan Carles va deixar de presidir la final del campionat, mosquejat pel flirteig dels Godó amb l'independentisme. Però el rei podria passar pel CSIO sense cap problema, ans al contrari. Si Albert Agustí fos president del CSIO es faria dir Alberto *Beto* Agustí: l'anterior president del Polo era Eudald Bonet, de la família fundadora de les caves Freixenet; el seu nom de guerra és Daldo Bonet –d'Eudaldo–, per a amics, família i la resta de l'univers.

Glamur

Una de les lectures que espero cada any a *La Vanguardia* són les cròniques socials de Margarita Puig des del *village* de l'Open Godó. La meva devoció per Puig és tal que la vaig incloure en una sèrie de cronistes de Barcelona que vam publicar a *El País*. En aquell article vaig destacar algun exemple recent dels seus textos sobre el torneig: «Hi ha especialistes en estils més *casual* com Ignacio Malet (Happy Socks), José Turull (Scholl, les sabates que han passat de la farmàcia als armaris de les més *trendies*, inclosa Bimba Bosé) i Joan Casamitjana (tot i que ahir anunciava que ara està més pel ioga i pel retir de Cal Puig a Olot que pels estilismes propis o aliens)». Les joies que s'hi poden trobar són inesgotables:

> 25 d'abril del 2012: «La baronessa Thyssen va ser la responsable de revolucionar el *village*. Però no era la seva primera vegada. De la mà de Calamanda Grifoll, la direc-

tiva més impulsiva de l'equip de Beto Martín [apunt: cal diferenciar Beto Agustí de Beto Martín; aquest últim és un tennista barceloní, probablement d'ordre], que va reunir un grup de dones influents entre les quals no van faltar Marisa Falcó, comtessa de Godó, Carmen Barjau o Tita Cervera, que va retre la seva segona visita al club de Pedralbes i assegurava que el seu somni a la vida és venir a viure-hi a prop. Per a la seva cita va escollir un *look* estiuenc, uns Chanel de tacó alt massa fi –que es van quedar enganxats als llistons del parquet de la carpa del RCT Barcelona– i una bossa de color corall que va agradar als amants de la moda i que va arrencar més d'un elogi».

25 d'abril del 2013: «A la carpa del RCT encara hi havia més intensitat perquè Calamanda Grifoll renovava la seva trobada amb senyores com Marisa Falcó, comtessa de Godó, Liliana Godia, Carmen Barjau (l'esposa de Beto Agustí), Cristina Castañer (la dissenyadora de les famoses espardenyes, les més vàlides per sortir-se'n a la terrassa de fusta i les seves escletxes traïdores) i també amb Rebeca (la que canta «Duro de pelar»), l'extennista Conchita Martínez i Rosa Maria Esteva, del grup Tragaluz. En representació de la part més *fitness* de la ciutat hi havia Ramon Canela, que va aprofitar per parlar amb els regidors Forn i Fandos sobre la prova atlètica que el grup DiR prepara per la Diagonal [...] Tot un luxe veure la desfilada de les peces més *chic* de la temporada i de sabates de finíssim tacó, que malgrat no ser gaire adequades per

als llistons del *village* són pura tendència aquesta temporada. Els va donar el vistiplau Lluís Sans (Santa Eulàlia celebra els seus 170 anys), un dels pocs senyors que es va afegir al grup».

25 d'abril del 2016: «En un perfecte exercici de protocol, Montse Solsona va distribuir els molts vips que saben aplaudir el millor tennis, com Luis Conde, Josep Maria Bartomeu, Marta Carranza, Enrique Lacalle, Enrique Hevia, o José María Fernández Ulloa, president de Grant Thornton. Tots van viure del primer fins a l'últim minut d'aquest partit en què Nikishori va tenir també el seu seguici animant-lo en japonès. Tampoc van faltar Risto Mejide (juntament amb la seva inseparable Laura Escanes) ni la rossa Miss Món Mireia Lalaguna, que va poder veure poc tennis, no només perquè la pamela d'Antonia Dell'Atte havia d'impedir-l'hi per força, sinó perquè no va apartar la vista del mòbil. Ramon Canela, de qui diuen que està a punt de projectar encara més el seu grup DiR, Pedro Martínez de la Rosa i els doctors Bonet, De Benito i Galindo-Planas, a més de famílies al complet com els Suqué, Durall, Lerín o Marfà van ser dels molts que es van emocionar veient el campió destapar per novena vegada el magnum de Segura Viudas».

La meva reacció després de transcriure aquestes línies ha estat posar-me dempeus i aplaudir; si aquesta no és la reacció del lector, pot ser principalment per dues raons: perquè allò que s'hi descriu l'emprenya de mala manera o perquè no ho troba prou descriptiu del món de l'ordre. Si la raó és la segona, aleshores cal recórrer al gran apuntador de la *biutiful people* de Barcelona, Carlos Martorell.

També he entrevistat Martorell, sento per ell una devoció igual que per Margarita Puig. Per a sorpresa d'ell, l'entrevista va ocupar una pàgina al diari *Ara*. Em va convocar a casa seva, a l'avinguda Tibidabo. Un apartament senyorial, perfectament decorat, amb un despatx obert a la ciutat a través d'una vidriera per caure de cul. Martorell no entenia el meu interès; m'observava amb un deix de desconfiança i d'arrogància. Hem coincidit en un parell d'esdeveniments socials i soc jo qui m'he acostat a saludar-lo. Suposo que perquè el seu món periodístic és diferent del meu –ell és relacions públiques de VIPS, clubs, hotels i restaurants–, la seva reacció ha estat posar cara de «però aquest noi qui és, què vol de mi».

Coneixia el lloc on viu Carlos Martorell per les fotografies que ell havia publicat al seu blog arran de la nevada que va caure a Barcelona el 2010. Martorell va escriure amb motiu d'aquella efemèride un dels seus característics textos suposadament mordaços que combinen l'elitisme amb una aproximació als problemes de la ciutadania:

A les quatre de la tarda vaig mirar per la finestra i vaig veure aquest panorama moscovita davant de casa. La part del darrere de la casa em va fer pensar en Saint Moritz. Em vaig posar un abric de marmota que no havia utilitzat des del meu darrer viatge a Moscou, i vaig baixar al carrer per fer unes fotos [...] Tornar a casa, de pujada, amb el vent en contra i els peus glaçats em semblava una proesa impossible. On podia refugiar-me? No gaire lluny tenia el prestigiós parvulari Carles Riba, de la meva amiga Cristina Jover. [Apunt de l'autor: el parvulari Carles Riba, damunt la Bonanova, es va fer cèlebre perquè la infanta Cristina hi tenia matriculats els nens; les meves germanes també n'eren alumnes. Recollir-les era una immersió en un efímer encontre amb minyones i mares parapetades dins de tot terrenys aparcats en doble fila.]

Dos dies abans de la nevada, el diari *La Vanguardia* va publicar una foto, feta per mi, molt a prop de casa meva, que mostrava una absurda i nombrosa filera de bancs, en un lloc de pas ràpid de cotxes, on ningú s'hi asseu gairebé mai, raó per la qual jo denunciava aquest malbaratament en mobiliari urbà. Com si fos un càstig del cel, em vaig veure obligat a asseure'm i a estrenar un d'aquells bancs tan criticats per mi a *La Vanguardia*, per poder lliurar-me, definitivament, del meu malmès calçat, i continuar el meu periple amb només dues bosses de plàstic protegint-me els peus. El meu elegant abric de marmotes, totalment xop, havia perdut el seu glamur per complet i semblava un gos que havia caigut en una piscina. Assegut al banc, amb un deplorable aspecte de pidolaire sense sostre, amb les botes destrossades i tirades a un costat, cara d'esgotament i el nas com un tomàquet, se'm va acostar una senyora i, amb una expressió de profunda llàstima, em va donar una almoina. Quan vaig veure aquelles dues monedes sobre el meu guant moll, se'm va escapar una rialla. I li vaig dir: «Ei, senyora! Sigui més generosa, que aquesta nit pensava dormir al Ritz».

L'humor de Martorell no és hilarant i pot resultar pretensiós; la supèrbia és inherent a l'elit. En el cas de Martorell, els defectes són avantatjats per les seves virtuts. És una figura necessària per entendre la modernització de la societat espanyola des de la dècada dels seixanta als noranta. Eivissa en concret és el femer de famosos, drogues i *calimotxos* pel qual és coneguda mundialment gràcies en bona part a Martorell. Cito del seu blog:

El 1967, Oriol Regàs em va demanar que l'ajudés a organitzar un avió privat per convidar a passar tres dies, a Eivissa i Formentera, un grup de 125 clients de l'aleshores millor discoteca d'Espanya, Bocaccio. Ens vam instal·lar a l'Hotel Montesol. Vam sortir en molts diaris. Després d'aquell viatge vaig decidir que abandonaria la meva avorrida carrera d'advocat i m'escaparia a viure en total llibertat a la fantàstica Eivissa hippy. Vaig abandonar el luxe i la comoditat familiar, i em vaig escapar a Eivissa, a l'aventura, amb una mà al davant i una altra al darrere. En qüestió d'hores va canviar la meva forma de viure. Va ser tota una revolució cultural i física. Eivissa va ser el gra de pus al cutis llis de l'Espanya de Franco. A Eivissa, incomprensiblement, hi havia llibertat. Els eivissencs ens deien «els peluts». Però vam ser els hippies els qui vam promocionar l'illa a nivell internacional. Vaig llogar un apartament i després vaig compartir casa amb Juan Carlos Herrera a Sant Jordi. I finalment vaig comprar una casa a la ciutat vella. Al pis de baix vivia una família gitana, i anys més tard vaig poder comprar tot l'edifici per quatre duros. [...] Recorria l'illa a cavall, sense asfaltar, buscant cases i terrenys per vendre. Passava les tardors a Manhattan fent periodisme i la resta de l'any a Eivissa. La Tierra era el bar musical de moda. Allà s'hi trobava la gent més guapa que mai he vist. I la propietària, Arlene, posava la millor música. A la nit ballàvem en una minidiscoteca anomenada Lola's. Jo vaig organitzar la Noche Blanca. Durant trenta-cinc anys vaig llogar una casa de camp, sense aigua corrent ni electricitat, a Sant Carles. [...] A l'enorme sofà, fet amb tres matalassos de matrimoni, hi jeien hippies, alteses reials, artistes mundialment famosos, intel·lectuals, top models i empresaris. Elle MacPherson i Arki Busson es relaxaven en aquest ambient d'espelmes i silenci. José Luis de Vilallonga, marquès de Castellbell. Pablo Bofill, Paulina Rubio i la model Celia Forner. Nicole d'Almeida i la comtessa Jacqueline de Ribes, nomenada dona més elegant del món. Vaig construir un petit bany al pati, amb una dutxa penjant, de safari. I vaig penjar una altra dutxa a les branques d'un arbre. Per evitar ser detingut per la Guàrdia Civil per practicar el nudisme, em van confeccionar un tanga d'estil Tarzan que ràpidament es va posar de moda a les platges d'Eivissa [...] La meva casa de Sant Carles va aparèixer a diverses revistes, llibres i programes nacionals i internacionals de televisió. La revista *Interviú* em va dedicar sis pàgines titulades «La clau d'un paradís», realitzades per Luis Cantero i Oriol Maspons. Fritzi Northampton, al llibre *Ibiza, a Mediterranean lifestyle*, va dedicar vuit pàgines a la meva casa. El 1968 vaig ensenyar l'illa a Ricardo Urgell [propietari de Pacha] i se'n va enamorar.

L'ego de Martorell és proporcional a la seva importància en el món de les relacions públiques, també en la destrucció d'Eivissa. Ara viu mig retirat, relata les seves proeses en articles al *Diario de Ibiza* i en un blog pèssimament dissenyat i decadent; talment com el món d'on prové. Martorell ha continuat organitzant la festa Flower Power, un esdeveniment de Pacha Eivissa que en els seus orígens era la bomba per la novetat comercial que suposava, i on les estrelles més rutilants del moment s'hi deixaven veure; avui encara s'hi deixa veure alguna estrella de menys de cinquanta anys, però sobretot és un cementiri d'elefants, de famosos en retrocés, empresaris de llotja del Bernabéu i del Camp Nou i alguna cara coneguda de la portada del *Lecturas*.

Ricardo Urgell va vendre Pacha el 2017 a un fons d'inversió britànic.

Corte y confección

El dia que vaig entrevistar Martorell coincidia amb la sortida a les llibreries de *Vidas y apariencias*, la biografia de Luisa Sallent, l'amant de Joan Antoni Samaranch. Sallent, a més de ser la *querida* de Samaranch, és una senyora d'ordre. És la tieta política de Carlos Martorell i del seu germà, Fernando Martorell, expresident de l'Espanyol i conegut publicista de la ciutat. Al final de l'entrevista que vaig fer a Martorell, vam comentar alguns apartats del llibre. La biografia de Sallent, publicada el 2011, va caure a la zona alta de Barcelona com una bomba de neutrons. Tothom sabia moltes coses que Sallent explica, però que ho fes públic i disponible per a tothom va ser un cop d'efecte meravellós.

És inevitable sentir empatia per Sallent, posar-se del seu costat. Va arribar al món de l'ordre per la porta del servei. És filla de menestrals de Ripollet. A casa eren carnissers. Sallent explica que per vergonya mai va explicar a Samaranch que d'adolescent treballava a la carnisseria dels pares. En una entrevista del 2012 amb Arantza Furundarena, Sallent va retratar amb una sola resposta quina era la seva figura en els cercles de poder barcelonins:

> Pregunta: Tots els homes de qui es va enamorar estaven casats i amb una doble vida. Falta d'autoestima per part seva?
>
> Resposta: Segur. La meva mare em va inculcar que una pastora era per a un rei només si se'n feia mereixedora. Això m'ha suposat un llast. En el fons sempre em vaig considerar una pastora.

Sallent era –és– una *pastora* bellíssima que va arribar a la gran ciutat per fer de model. El primer príncep blau que va acceptar la pastora va ser l'oncle Martorell. Com passa sovint, la realitat no és la dels contes, i el príncep era una mala bèstia que l'atonyinava. Després va conviure divuit anys amb Samaranch, la majoria d'amagatotis –fins que va morir Bibis Salisachs, l'esposa de Samaranch. La devoció que sentia per ell va fer-la mereixedora d'una part de l'herència «perquè pogués viure al meu nivell. I em sembla més que suficient», va explicar Sallent a Furundarena.

Sallent es dedica a l'art. És escultora, pinta, exposa a Eivissa, a les galeries d'amics i amants. L'art com a vàlvula, primer d'entreteniment, després d'alliberament, és una constant històrica per a les dones de la burgesia europea. Sallent explicava l'inici de tot plegat en una entrevista del 2015 a *La Vanguardia*:

> Periodista: Hi ha escultures seves al Gran Teatre del Liceu, al Palau de la Música, a Lausana... [Apunt de l'autor: el Liceu i el Palau de la Música són terreny amic de Sallent; Lausana és la ciutat suïssa on Samaranch va viure vint-i-un anys com a president del Comitè Olímpic Internacional.]
>
> Sallent: Jo no tenia cap formació, he pintat a cor obert i he estat millor escultora que pintora, però autodidacta. Per instint.
>
> Periodista: Va començar a pintar tard.
>
> Sallent: Als trenta-tres anys. Un bon dia, el meu marit, que no sabia què regalar-me, em va donar un cavallet professional. «Què en faig, jo?», vaig pensar. El primer que vaig pintar va ser la tata Guadalupe, que cuidava els meus fills. Després seria el meu mode de vida.

La meva àvia també pintava i esculpia. En vida del seu marit, el meu avi, ella pintava però no va poder inscriure's a Belles Arts; em va explicar que ell no l'hi permetia, que no era propi d'una senyora. També pintava quan era petita, però els seus pares tampoc no van deixar que estudiés Belles Arts; en canvi, sí que la van inscriure a *corte y confección*, estudis que va superar amb notes excel·lents.

La meva àvia retratava familiars i amics, no hauria dibuixat mai la minyona, com sí que va fer Sallent, perquè l'àvia podia ser extraordinàriament classista i les minyones eren la seva nèmesi. Guardava un fitxer amb desenes de cartolines que descrivien cada empleada de la llar que havia passat per casa seva. Només una vegada em va permetre fer un cop d'ull a una de les cartolines: s'hi indicava el nom i la nacionalitat de l'acomiadada, els seus punts forts i al final una tirallonga de retrets dedicada a tot allò que l'assistenta feia malament, amb especial èmfasi –en el cas de l'afectada en qüestió– en la seva mania d'adreçar-se a la senyora com si fossin amigues de tota la vida.

En això, la diferència entre les meves dues àvies era enorme. Si l'àvia paterna podia perfectament acomiadar cada any mitja dotzena de minyones, l'àvia materna va tenir quaranta-cinc anys la mateixa empleada, la Carmen. Gairebé cada estiu arribava una jove desventurada a la casa de l'àvia paterna al Port de la Selva que fugia en qüestió de dies. N'hi va haver una que va agafar l'autobús de línia de tornada a Barcelona el mateix dia que va arribar.

La meva àvia lluïa les seves virtuts amb el fil i l'agulla que va aprendre a l'escola de *corte y confección*, i no va ser fins que va morir el seu marit que va matricular-se a la Facultat de Belles Arts, als anys vuitanta. Possiblement era l'alumna més gran de la facultat –aleshores ja havia superat els seixanta anys– i era estimada per tothom. Es relacionava amb els professors i era membre de cercles d'artistes del barri Gòtic. En algunes ocasions ens portava a mi i al meu germà a exposicions a la plaça del Pi o fins i tot a alguna classe d'escultura de la facultat. L'experiència d'un nen voltant entre els estudiants que esculpien blocs de pedra, les olors de productes químics, les eines i l'àvia allà al capdavant de tots aquells joves no tenia preu. L'amor que sentia pels seus nets desbordava la seva (mala) educació classista.

L'àvia era producte d'unes circumstàncies, com tothom ho és. Per sort, ella no té cap estàtua dedicada ni cap carrer porta el seu nom, perquè segurament l'hi retirarien. Les societats humanes acostumen a jutjar el passat a partir dels seus codis presents. No cal ser un geni per entendre que els referents i costums d'algú que va néixer el 1923 són molt diferents dels d'algú que neix avui.

L'última vegada que l'àvia va fer una sortida d'oci va ser per visitar una retrospectiva del pintor Piranesi al CaixaFòrum. Jo li empenyia la cadira de rodes, i ella m'explicava, davant dels quadres, l'*horror vacui* –«por al buit»– que caracteritza les grandioses estructures que dibuixava Piranesi, recarregades de pedres i alhora de la soledat d'algun humà diminut. Des d'aquella tarda al

CaixaFòrum, quan tinc atacs d'hiperactivitat, o quan parlo per parlar, la Paloma em diu que m'ha agafat un rampell d'*horror vacui*. La quantitat de coses que vaig aprendre amb l'àvia, el seu ascendent creatiu en mi, encara em serveix avui de fanal quan em perdo en l'*horror vacui* de la meva existència.

Turó Park

Luisa Sallent defineix la *cafe society* de la zona alta de Barcelona com «la alta suciedad». La violència masclista, el classisme, la hipocresia amb el poder i amb ells mateixos. Els matrimonis, per exemple, eren una nau que navegava sense rumb. En comptes de deixar-ho córrer, evoca Sallent a la seva biografia, homes i dones mantenien la unió i ho compensaven entretenint-se amb intercanvis de parelles. Margarita Puig, durant l'entrevista que li vaig fer a *El País*, asseguts en un banc de la zona d'esbarjo infantil de Gal·la Placídia, va començar a assenyalar diversos punts dels edificis de la plaça tot garantint-me que aquí i allà hi havia pisos especialitzats per a intercanvis i orgies entre adults de la millor tradició burgesa.

Res d'això és nou, ja ho contava Josep Maria de Sagarra a *Vida privada*. Hi ha, però, diferències fonamentals entre la burgesia dels anys vint o trenta i l'actual: la de Sagarra encara vivia a l'Eixample i la d'ara fa dècades que va refugiar-se a les latituds septentrionals de la ciutat, barris tranquils, a redós de la muntanya, lluny de l'amenaça tumultuosa de la massa. Llavors, en temps de Sagarra, malgrat la tensió política –les desavinences amb els sindicats se solucionaven amb pistoles– hi havia una burgesia que invertia en cultura i fer país. La Mancomunitat de Catalunya –del 1914 al 1924– n'és el paradigma, però també ho era el marquès de Comillas, que finançava les aventures literàries de Jacint Verdaguer o les invencions arquitectòniques de Gaudí. Actualment són quatre, mal comptats, els prohoms catalans que es preocupen per eixamplar el bé comú.

Un factor fonamental que separa Sagarra dels seus homòlegs del 2016 són els quaranta anys de franquisme. De Bibis Salisachs, esposa oficial de Samaranch, floria, com de cap altre animal del bestiari burgès del segle XX, el fet diferencial que generà el franquisme. Són els cadells de Salisachs els que sobreviuen en aquest segle XXI, reclosos dins la minvant reserva de l'ordre. De Salisachs, el millor que s'ha escrit va ser una necrològica d'*El País* del 2000 –fins i tot la data del traspàs, l'inici d'un nou segle, és rodonament simbòlica– firmada per Jaume Boix i Arcadi Espada:

> El dia que es casava [Salisachs amb Samaranch], l'1 de desembre del 1955, Manuel del Arco publicava a *La Van-*

guardia una entrevista amb ella en què brillaven aquests paràgrafs:

»–Ja t'ha escridassat?

»–Encara no.

»–I tu, l'has escridassat?

»–Jo no crido mai.

»–Seràs una esposa submisa?

»–No, ni n'hi haurà motiu.

»–Saps què diu l'epístola de sant Pau?

»–Que la dona deu submissió al marit, però va ser escrita fa tant de temps...»

Aquell dia l'havia de casar Modrego. Però el llegendari arquebisbe de la Barcelona franquista s'hi va negar, veient el que duia el diari: sant Pau no l'hi hauria perdonat.

Quinze anys després, al Madrid del 1970, el ministre secretari general del Movimiento, Torcuato Fernández-Miranda, va acabar amb la carrera política de Joan Antoni Samaranch destituint-lo al capdavant de la Delegació Nacional d'Esports. Les dictadures sempre nomenen i destitueixen de manera molt opaca, però entre les raons per les quals va ser apartat de l'esport espanyol el geni del «Contamos contigo» [una campanya de comunicació que promocionava l'esport entre els nens i les dones] hi havia la seva dona. La seva dona, tan bella, practicant esquí nàutic a les aigües de s'Agaró amb un vestit de bany molt cenyit, generosament fotografiada a la premsa movimental. La seva dona, musa de la *droite divine* catalana, aquell món decorat per Manolo Muntañola, finançat per Jaume Castell, protegit per Camen Franco, traduït –després– al català per Artur Suqué i aprofitat fins a trenc d'alba als estius de cala Gogó; un món que mai va experimentar els plaers dels greus complexos de culpa dels seus homònims gauchistes i bocaccians; un món presidit per l'altíssim lema que mamà Rowe va dictar a la Bibis adolescent: «If you cant' be good, be careful». «Si no puedes ser buena, ve con cuidado».

Va morir dissabte, ajaguda a la seva llar barroca, sense un mil·límetre concedit al buit i el seu horror. Una casa amb vistes al Turó Park i el seu llac amb nenúfars, el centre físic i moral de la seva vida. A prop del parc, a la Diagonal, davant d'un bar de molta i llarga moda que anomenaven Bagatela –avui José Luis– va néixer el dia de Sant Esteve del 1932. A prop, molt a prop del parc, al desaparegut Skating, el seu marit va aprendre a esquivar la vida, muntat sobre els seus primers patins.

* * *

Hi havia una manera de ser a la vida de les Bibis que preveia l'esfondrament del que representaven, com si el gran parterre de gespa del Turó, arrasat pels passejadors de gossos, fos una metàfora del que quedaria del seu món. Javier Pérez Andújar, cronista de la Barcelona d'extraradi, va actuar d'hereu del Pijoaparte de Marsé al llibre *Catalanes todos*. Pérez Andújar hi retrata el franquisme *cinco jotas* de Barcelona. En aquest llibre actua d'*outsider* que simula els anys de la *droite divine* a partir de vells exemplars de la revista *Hola!* que havia adquirit al mercat dels Encants. Pérez Andújar reprodueix una festa de disfresses al palauet de l'industrial tèxtil Muñoz Ramonet, al carrer Muntaner, a partir d'una crònica rosa d'*Hola!* El que Pérez Andújar s'imagina que diu Muñoz Ramonet podria ser la síntesi d'aquest llibre que teniu a les mans:

> Les nenes dels senyors de la casa, Carmen, Isabel i Alejandra, van rebre els seus petits amics vestides de talaverana, valenciana i florista, respectivament. Una amena funció de putxinel·lis i una animada sessió de cinema, separades per un descans, durant el qual es va servir un exquisit berenar, omplien el programa de la festa. Entre la multitud de nens que s'hi van divertir, cridaven molt l'atenció per les seves disfresses José María Vidal-Rivas, que anava de Peter Pan; María José Sanz de Bremond, de petita tirolesa; Miguelito Gomis de Muller, que es va disfressar d'indi; Javier Juncadella, de negre salvatge; Blanca Rivière, que es va vestir de Caputxeta Vermella; Ramon Cambó Guardans, de xinet; i de xineta, María Antonia Welsch; Mary-Carmen de Ros Gotor va arribar vestida d'alegre gitaneta, i Ramon Badal Lacambra es va presentar de xinet mandarí. Cap va tenir l'ocurrència d'aparèixer vestit de jugador del Barça.

Julio Muñoz Ramonet va fer un glop al seu vas de ginebra i es va quedar absort observant l'activitat de la quitxalla.

–Què penses, Julio, estimat?

–En el futur.

–En el futur dels nens?

–Ells? Aquí no en tindran. Són fills nostres i a nosaltres ens ha posat el passat.

Les dues filles de Muñoz Ramonet ja no viuen a Barcelona i mantenen un contenciós legal amb l'Ajuntament de Barcelona perquè el seu pare va donar el palauet i les seves obres d'art al consistori. Les filles, les Thelma i Louise de l'ordre, han amagat les joies més preuades per evitar que caiguin en mans del poble.

Herois

Al món de l'ordre hi ha dos tipus de *mascle alfa*: el burgès que actua com a pal de paller i els *pijolocos* que aspiren a anar més enllà d'una cacera amb Franco o de navegar per les aigües de Mallorca amb el rei. Aquesta mutació del *pijoloco* té com a referent, entre les persones fins ara citades, Joan Antoni Samaranch.

Samaranch va assumir càrrecs de rellevància durant el règim franquista: president de la Diputació de Barcelona, delegat nacional d'Esports... El prohom burgès barceloní com cal ni s'exposa tant als mitjans de comunicació –una entrevista i un semàfor verd a *La Vanguardia* és el límit acceptable– ni arriba tan lluny en la seva llepada al poder; perquè no creu en ideologies, perquè els diners són la seva pàtria i no pas el poder en si mateix. Samaranch en algun moment s'ho havia de creure.

La dinastia Palatchi, creadors de la firma de moda Pronovias, és un cas contemporani d'anòmala implicació burgesa en política –anòmala segons els paràmetres del seny. Els Palatchi simpatitzaven amb el Partit Popular, fins al punt que el cinquantè aniversari de la companyia va ser celebrat en dues ocasions, la segona per donar peixet al PP durant la campanya de les eleccions generals del 2015, amb el descobriment d'una placa commemorativa per la vicepresidenta del govern espanyol. Pocs mesos després, el fill de l'amo, Alberto Palatchi Júnior, va acceptar ser secretari de Política Empresarial del PP català. Tant se val que visqués als Estats Units i que la feina que li comportés el nomenament sigui ínfima: cap persona d'ordre de Barcelona acceptaria un càrrec així, per la implicació directa en política i, a més a més, en un partit minoritari, avui quasi marginal, a Barcelona. Alberto Palatchi Júnior és per tot això un personatge extraordinari. Des de principis del segle XXI difícilment trobareu un cas d'implicació tan significativa en política de l'alta burgesia barcelonina. És important tenir present que, per part de pare, Palatchi Júnior és fill i hereu de Pronovias; per part de mare, Susana Gallardo, Palatchi Júnior serà un dels accionistes de la farmacèutica Almirall.

Els Palatchi són habituals de la premsa del cor, no només perquè la feina de la moda ho requereix sinó perquè s'han convertit en personatges de la *droite divine*. La politització, l'ànsia de fama i els seus orígens són fets diferencials dels Palatchi respecte dels seus col·legues de la burgesia de l'ordre. Els orígens de la família són particularment interessants: Pronovias la funda l'avi Palatchi, Alberto Palatchi Bienveniste, amb el seu fill. Palatchi I, sefardita turc, va arribar a Barcelona el 1914, quan esclata la Primera Guerra Mundial, acompanyat pel seu germà gran. Amb unes maletes carregades de teles, els germans Palatchi es feien passar per expatriats suïssos i visitaven pisos burgesos de l'Eixample per oferir els seus serveis de modistes. El 1922 van obrir una botiga i el 1964 el germà petit, juntament amb el seu fill, va inaugurar la marca Pronovias. Aquesta companyia és una història d'èxit de manual, èxit econòmic però també d'ascens de classe: cinquanta anys després, el net de l'immigrant turc es posa sota les ordres de Xavier Garcia-Albiol, el doctor Moreau del PP que va experimentar a Badalona amb missatges xenòfobs lepenistes.

L'extrem oposat de la *droite divine* és la branca política de la *gauche divine*. Uns i altres s'havien trobat històricament al carrer del Cardenal Vives i Tutó, via de connexió entre Sarrià i Pedralbes. Separats per cent metres hi ha el Tennis Barcelona i el monestir dels Caputxins. Mentre a la sala d'actes dels Caputxins, Jordi Bigues i els seus acòlits del Procés Constituent –Teresa Forcades, Arcadi Oliveres, els ninjes de l'Orlandai i *altermundistes* de tota condició– celebraven conferències per enraonar contra la societat capitalista, els nens del veí Liceu Francès desfilen cap a casa en el SUV de la mare, amb la T-10 de la minyona o corrent cap a classe de tennis al Reial Club de Calamanda Grifoll. El març del 1966, a la sala d'actes dels Caputxins, centenars d'universitaris de la classe mitjana local es tancaven tres dies per protestar contra la dictadura i per reclamar llibertat sindical. Desconec quins devien ser els ànims al Tennis Barcelona, però és de suposar que eren diferents dels de la cèlebre Caputxinada.

Predicant la pau entre els hereus de la Caputxinada i els hereus de Bibis & Samaranch hi ha l'altre tipus de mascle alfa de l'ordre, el pal de paller. El pal de paller també és soci del Tennis Barcelona però té una pinzellada catalanista, o d'espanyolisme tolerant. Detesta els extrems, no vol canvis sobtats, vol moderació. Si té un càrrec institucional –posem pel cas, Beto Agustí, president del Tennis– i es reuneix amb un director general de la Generalitat, probablement admetrà que «el dret a decidir és l'únic camí de dignitat que li queda a Catalunya» tal i tal... Si es reuneix amb un secretari d'Estat espanyol, executarà el paper invers: «Cal seny, diàleg, on anem a parar, no volem conflicte», etcètera.

El pal de paller havia votat per la difunta Convergència i Unió. En alguna ocasió, per a les eleccions generals, podria haver votat pel Partit Popular, però el vot pràctic per CiU el deixava satisfet, convençut que el timó del país estava en les mans menys dolentes possibles. Això és el passat, el plistocè; avui ni tan sols existeix, el dirigent burgès barceloní de CiU. «El president a l'exili» de la Generalitat és d'un poble de la Selva; el seu vicepresident era un historiador d'Esquerra Republicana de Sant Vicenç dels Horts; el cap de files a Madrid era un senyor de Vic. El màxim executiu del PDeCAT és un noi del Bages. El pal de paller estava acostumat a tractar amb llinatges barcelonins amb accent barceloní: Miquel Roca, Macià Alavedra, Joaquim Molins, Artur Mas, Xavier Trias...

CiU ja no existeix i el vot del pal de paller s'ha difuminat, en part a favor del nou pragmatisme d'ERC o de l'independentisme moderat –i fallit– del PDeCAT, però sobretot a favor del PSC. La prova d'això la trobem a les eleccions autonòmiques del febrer passat: Junts per Catalunya, el partit del nacionalisme cabra de Carles Puigdemont i Laura Borràs, va ser la força més votada a Pedralbes, Sarrià, Sant Gervasi, Vallvidrera i Tibidabo; en tots aquests barris, el PSC va quedar segon, fins i tot quedant primer, per poc, a les Tres Torres.

* * *

L'entrevista amb Toni Castelló va ser un viatge en una màquina del temps. Jo prenia notes més aviat com si fos un biòleg que ha descobert una exemplar d'una espècie en extinció que no pas com a periodista. Castelló és un metge i empresari d'una família històrica de Terrassa.

La trobada es va produir a finals del 2019 al Club Egara, amb motiu d'un reportatge per al diari *El País*. El seu avi, Antoní Escudé, és honorat com l'introductor de l'hoquei herba a Catalunya. Castelló resideix a Matadepera, on hi ha els clubs d'hoquei, un dels municipis més rics d'Espanya. El 2018 era el número u en renda per càpita, segons l'Agència Tributària. Els veïns del poble amb qui vaig parlar es justificaven, deien que no n'hi havia per tant, que era perquè la família Lao, els propietaris de Cirsa, la multinacional de les escurabutxaques, s'havien venut la companyia i la renda local s'havia disparat. Però el cert és que l'any anterior, Matadepera, sense la venda de Cirsa, era a la quarta posició dels rics d'Espanya.

Alguna cosa em vaig ensumar quan vaig entrar al xalet social de l'Egara. El primer que vaig trobar-me, donant la benvinguda, eren les fotografies dels jugadors del club que eren internacionals amb la selecció espanyola, uniformats amb els colors de la selecció. Tenint en compte el context polític, i que a les eleccions autonòmiques del 2021, l'independentisme a Matadepera va obtenir el 73 % dels vots, aquest mur de la fama era més que una excepció, era una declaració d'intencions, però amb els seus límits: a la sala de juntes del club vaig veure arraconada en una prestatgeria la foto del rei Felip VI que anteriorment devia penjar en algun espai destacat. Castelló saludava a tort i a dret durant el nostre encontre de l'Egara. Vestit informal però elegant. Duia nàutics d'aquells quadrats i ben sòlids que als nens de casa bona ens compraven les mares per anar a l'escola. Castelló té l'aspecte d'un nen gran, d'algú que ha tingut una vida plàcida. Per això es feia creus del que havia passat durant els anys del *procés*. Em va explicar que ell era escèptic de mena i que escoltava tothom. Pràcticament tots els seus amics són independentistes, m'assegurà, i recordava fent broma quan a les manifestacions de la diada de l'11 de setembre hi anaven en Audi. Ell també seria independentista si seguís els impulsos del cor, em va dir, però primer s'havia d'escoltar el seny: «A Catalunya les coses progressaven, avançàvem com un dièsel, també en autogovern. Però de sobte vam decidir que volíem viatjar en un Porsche, i a 400 quilòmetres per hora. I això, a més de ser perillós, si no saps cap on vas, té conseqüències».

Castelló, per fer encara més gran el seu mite davant la meva perplexitat, tampoc pretenia convèncer-me que era d'esquerres. Quan ell treia ferro a allò de si Matadepera era el municipi o no més ric d'Espanya, no ho feia per vergonya que els seus veïns acumulin diners i hi visquin en unes torres per caure de cul: ho feia per l'hàbit tan propi de la burgesia local de no voler lluir. Castelló em feia raonaments de dretes sense cap mena de complex. Em detallava d'aquesta manera què podíem aprendre d'un model autoritari com el xinès:

«Vaig ser el gener del 2020 a la Xina visitant la planta d'un fabricant de microscopis, soc el seu distribuidor a Espanya. Era una fàbrica de 300 empleats, inaugurada el 2016. El director general em va comentar que anaven a construir una fàbrica nova, en quatre anys s'havia quedat petita. Davant la meva pregunta de com era possible, em va comentar que no era cap problema. Va acudir al govern regional sol·licitant ajuts per construir una nova fàbrica, presentant el seu històric i el projecte de generar més llocs de treball i augmentar les exportacions en un sector d'alt valor afegir. El govern li va facilitar el terreny i el finançament. Els governs que dediquen esforços a potenciar iniciatives empresarials sòlides generen llocs de treball, riquesa i milloren el nivell de vida de la població i la competitivitat del país. Per repartir riquesa cal primer generar-la».

Castelló em va causar una excel·lent impressió, per la seva cordialitat, generositat i perquè neda contracorrent, sobretot en un indret com Matadepera, on el nacionalisme català és hegemònic. També hi havia alguna cosa familiar en ell, una manera de ser amb què jo havia crescut i que avui ha desaparegut.

* * *

L'estereotip de pal de paller va ser durant dècades el senyor Esteve de Santiago Rusiñol. La botiga és la primera de les seves prioritats; l'hereu és la segona; la resta d'assumptes interessen el senyor Esteve si influeixen directament en el seu negociat. A casa havia sentit dir que el senyor Esteve s'inspirava en l'Esteve Monegal, fundador del fabricant de perfumeria Myrurgia. No hi ha documents que ho confirmin, i probablement hi ha un munt d'altres vells llinatges burgesos que s'han vist reflectits en la història del senyor Esteve. El cert, però, és que Rusiñol i Monegal eren coetanis. Monegal era un extraordinari escultor i cartellista modernista; avui és impensable que un empresari d'aquest nivell tingui la sensibilitat artística d'aquell Monegal. Un exemple tan fenomenal com excepcional d'aquesta intel·lectualitat empresarial va ser José Daurella Rull. El seu pare, Santiago Daurella, va posar les bases de l'empori familiar l'any 1853, convertint-se en el primer importador de bacallà del nord d'Europa a Espanya. José Daurella Rull va continuar amb el negoci mentre exercia com a catedràtic de metafísica a la Universitat de Barcelona. Josep Pla el va tenir de professor a la Facultat de Lletres a partir del 1913, i li dedica dues pàgines sardòniques a *El quadern gris* com a exemple d'un sistema acadèmic anquilosat, ineficient i soporífer. El meu exemplar d'*El quadern gris* té un parell de paràgrafs subratllats del passatge dedicat a Daurella, a qui Pla presenta com un «comerciant fort de bacallà». Els paràgrafs els vaig destacar perquè són divertits i perquè són la quinta essència de l'estil planià:

La cara, ondulada de bossetes i de sacsons suaus, contenia un filó, entre clericaloide i comercial, profundament indígena. Vestia de negre, d'un negre definitivament respectable, de casa funerària. El coll era gruixut i de fort diàmetre sobre les vastes espatlles. Un plastró de seda densa, sobre el qual es destacava una perla tèrbola, ocupava el triangle de l'obertura de l'armilla. Tenia els pòmuls amples, els ulls petits i vius, els cabells negres aixafats sobre el crani i la boca una mica entregirada. La mobilitat, la vivacitat de les seves faccions, era extremada sobre un marc immòbil de búdica impassibilitat. Quan, a l'hivern, es refredava, apareixia amb un fulard de seda roja al coll que li donava un aire vagament episcopal.

Totes aquestes qualitats externes poden servir admirablement a un home de tarima. Poden contribuir a donar-li una força natural. Poden atribuir un aire decisiu a les seves paraules. Era absolutament notori que el doctor Daurella posseïa aquestes qualitats. Però li hem de fer justícia: era un senyor tan fort que no necessitava pas el to major per imposar-se. En tenia prou menjant a la tarima caramels de menta. El senyor Daurella era un devorador de caramels de menta. En menjava de verds i en menjava de rosats. Menjar caramels és un fet completament anodí i intranscendent. Menjar caramels sobre una tarima, tot ensenyant la veritat fonamental, pot ser literalment grandiós –no en dubteu pas.

Un segle després, els descendents del devorador de caramels de menta són els principals accionistes de la més gran i més rendible embotelladora i distribuïdora de Coca-Cola del planeta –produeixen les begudes d'aquesta marca per a l'Europa occidental i per a una dotzena de països de l'Àfrica–, i són propietaris del consorci d'alimentació Cobega, que, a banda del negociat amb la Coca-Cola, té la distribució en exclusiva de Nespresso, marques de salmó fumat, de bacallà i franquícies de Domino's Pizza, entre d'altres. La presidenta de tot plegat és Sol Daurella, una executiva agressiva amb les aficions habituals d'algú que ha estat format en uns cànons socials ben concrets, entre ells la discreció més absoluta. Li agrada l'hípica, el golf, té casa a la Cerdanya, fa donacions benèfiques i els seus amics són en general els similars de la seva casta. Al mateix temps, i malgrat la seva notorietat, és pràcticament impossible trobar declaracions públiques de Daurella. Per això va sorprendre –perquè és l'única vegada que ha estat centre de la voràgine mediàtica– que acceptés el 2016 ser consellera del Diplocat, el servei de promoció diplomàtica de la Generalitat. En ple procés d'independència, Daurella va decidir que formaria part d'un equip assessor del principal òrgan de propaganda internacional de la Generalitat. Dos mesos després d'acceptar el càrrec, hi va renunciar per les pressions que va rebre, polítiques però també empresarials.

La polèmica va sorprendre pel fet de ser protagonitzada per una dona que és al·lèrgica a cridar l'atenció. Bona part de les noves i fragmentades elits de Barcelona simpatitzen avui amb l'aventura independentista, tot i que, en principi, hi simpatitzen d'una manera passiva i possibilista. Potser Daurella és una d'aquestes tantes persones que han abandonat la reserva apatxe, però al cap i a la fi presideix un grup empresarial que depèn del mercat espanyol: no només de vendre llaunes de Coca-Cola i de Fanta, també de la venda de salmó fumat, de càpsules de cafè o de màquines torrefactores.

Potser en la decisió de Daurella hi va pesar el parer del seu marit, Carles Vilarrubí. Hi ha homes als quals el vestit de ratlla diplomàtica els cau de tal manera que els converteix en extres perfectes d'una pel·lícula de gàngsters del Chicago dels anys trenta. Vilarrubí circula de tant en tant pels jutjats sense que, sortosament per a ell, la cosa arribi lluny. També procedeix de casa bona, i ha estat més eixerit que els seus iguals perquè de ben jove ja intuïa per on aniria el futur i no va haver de fer canvis de guió sobtats. Va entrar discretament durant la Transició a Convergència i Unió i, a poc a poc, fent amistat amb la família del Gran Home –Pujol–, va acabar convertint-se en un dels pilars del que es coneixia com el «sector negocis de Convergència». Primer va ocupar càrrecs públics a la Generalitat i després va anar completant un currículum com a executiu de primera: directiu de Grand Tibidabo amb Javier de la Rosa, conseller de Telefónica en l'època del pacte del Majestic entre CiU i PP –el cim de l'ordre juntament amb els Jocs Olímpics–, soci del comte de Godó en el món radiofònic, president de l'assessoria Willis, representant de la banca Rothschild i vicepresident del Barça. Tot això salpebrat amb investigacions de corrupció i picades d'ullet a l'independentisme.

Algú amb el pes i les circumstàncies genealògiques de Sol Daurella el més normal és que no s'emboliqués en aquestes coses: ni s'apunta a aventures mundanes com el Diplocat ni té un marit que participa en tertúlies polítiques i esportives. L'amor és cec, diuen, i potser ben bé és això, però un pal de paller –i Daurella ho podria haver estat– no juga amb foc d'aquesta manera. El 2016, la Generalitat li va concedir la Creu de Sant Jordi. En comptes d'ella, la va anar a recollir el seu fill. El dia que es va anunciar el guardó, el nom de Vilarrubí apareixia en la filtració dels papers de Panamà: era apoderat d'una empresa que havia venut unes caves a través d'un paradís fiscal. Un any abans, l'hi havien concedit a ell, la Creu de Sant Jordi. Qui els mana involucrar-se amb polítics? Esteve Monegal o el senyor Esteve de Rusiñol se'n farien creus.

Tinc un oncle Monegal, era alt directiu de Myrurgia. Durant una vaga a la fàbrica, l'empresa va considerar que la seva integritat corria perill. El meu oncle va dormir durant unes setmanes d'incògnit a casa meva. Cada matí l'esperava a la porteria un guardaespatlles, molt gran i elegant. Jo devia tenir vuit anys i per mi el meu oncle era un heroi. Es refugiava a casa meva, dormia a l'habitació del meu germà; al matí jo marxava cap al col·legi i em creuava a la porteria amb aquell senyor, concentrat, vigilant que no apareguessin els ninjes.

El pal de paller dona la cara per l'ordre, pel bé de l'empresa i per les propietats de la família. En el cas del meu oncle, no van ser els sindicats sinó un cosí més eixerit que la resta qui va posar punt final a l'empresa familiar, a noranta anys de botiga del senyor Esteve. En la majoria de casos no va ser l'amenaça roja qui va abaixar la persiana del negoci, sinó la globalització. És un final que té molt de justícia poètica; tantes dècades combatent la mobilització socialista, i és el capitalisme qui et retira del mercat.

Proper a mi hi ha un altre exemple de tot plegat: una empresa havia de tancar els centres de producció. S'havia de negociar l'acomiadament de la mà d'obra. Els advocats de l'empresa van subornar un dels membres del comitè d'empresa, que va col·locar un micròfon a la sala on es reunien els representants dels treballadors. Anys després, amb el potencial delicte ja prescrit, l'empresari m'explicava que aquella operació no li va aportar cap informació rellevant, res que el fes anar per davant en les negociacions dels acomiadaments. «El que sí que recordo», em va dir, «és que eren molt barroers, molt simples. Estaven pitjor preparats del que m'imaginava».

Pal de paller

Tothom és més simple del que ens imaginem, no només el sindicalista que llença una pedra al cotxe de l'amo, també els xinesos que tenen fam de benestar i treballen fins a l'extenuació per enfonsar Occident –sense ser-ne conscients–, o l'especulador immobiliari que ajuntant dues pedres descobreix una mina d'or. El sistema ens empeny a fer el que fem. Davant d'aquest món d'accions viciades d'origen, motivades pels instints més elementals, el pal de paller es planta com el pagès que amb constància té cura del camp.

Josep Lluís Bonet és president d'honor de Freixenet, expresident de la Fira de Barcelona, president de la Cambra de Comerç d'Espanya. Bonet és rodó, amb forma de baldufa. Du ulleres de vidre gruixut, té cara de hòbbit dels llibres de Tolkien. L'independentisme li té una tírria terrible però ell es manté ferm, convençut d'uns principis tan elementals com desitjar l'ordre i el progrés de la botiga. La botiga de Bonet ha estat vendre vins i caves, i l'home pateix perquè el cava forma part de la idiosincràsia de Catalunya, i a Espanya hi ha gent que ja no vol saber res de la idiosincràsia dels catalans i deixa de comprar cava. Per això Bonet es mulla mediàticament per la Marca España, per la Cambra de Comerç d'Espanya i per l'entesa entre institucions espanyoles i catalanes. Bonet no és un *pepero* com els Palatchi –que no sigui un *pepero* no vol dir que no els voti; no sé si ho fa–, tampoc és independentista com Vila Casas –això no vol dir que no pogués votar per Convergència; tampoc és una persona que vulgui aparentar res: Bonet és senzill, és tal com raja. El vaig entrevistar en una ocasió, durant la meva etapa postadolescent a la revista *Actualidad Económica*. Vaig desplaçar-me al Penedès en tren i ell em va recollir a l'estació. Conduïa un Audi d'aquests ben quadrats, com aquell de la meva àvia al qual de petit em feia vergonya pujar. Ignasi Barba, més conegut pel seu personatge Nacho de Sanahuja, diu encertadament que ja no es fabriquen cotxes quadrats, que ara els fan de línies més suaus, com si es volgués evitar el símbol d'autoritat que representa la contundència dels angles rectes. Un senyal més del canvi dels temps.

Bonet conduïa malament, un punt despistat, avançant amb petits i bruscos cops d'accelerador per les carreteres secundàries que recorren les vinyes de Freixenet. És improbable trobar gaires presidents d'una empresa que facturi 500 milions d'euros que facin de xofer d'un marrec periodista. Aquesta normalitat, gens impostada, és un tret del pal de paller.

En un nou episodi de la desfeta industrial catalana, Freixenet va ser absorbida el 2018 per un grup alemany, Henkell. Abans, però, la «botiga» de Freixenet va tenir temps de donar feina durant més d'un segle a moltes persones –i ho continua fent, però ara amb l'amo a Wiesbaden: a agricultors, a personal de la casa, a comercials, a cadenes de distribució, a transportistes i també a Leopoldo Pomés, un dels últims hereus de l'anomenada *gauche divine*. De la mateixa manera que Jürgen Habermas és l'últim testimoni directe de l'Escola de Frankfurt, Pomés ho era d'aquesta dolça progressia burgesa que va ser hegemònica a la cultura barcelonina. Freixenet va ajudar Pomés a mantenir el seu tren de vida amb el seu gran invent, els anuncis de les *burbujas Freixenet*: cada any, durant mig segle, Pomés va rodar l'anunci nadalenc de l'empresa dels caves.

Pomés va morir l'agost del 2019. El seu tren de vida era el centre narratiu de *No era pecat*, les seves memòries: els viatges amb amics estupendíssims, les maratons gastronòmiques i l'obsessió per la bellesa femenina. Pomés s'hi descriu com a hedonista, un home que ha vingut al món a gaudir. Ideològicament es definiria d'esquerres, posició que argumentava pel seu teòric progressisme i les seves amistats intel·lectuals; això i els seus orígens, de classe mitjana acomodada, però lluny dels potentats amb qui va treballar, permetien a Pomés de referir-se en el llibre a tal senyora o tal altra com a *pijes*, com si ell fos un encofrador de Badia del Vallès. Hi ha un munt d'escenes de la biografia de Pomés que són universals en el territori barceloní del benestar, com l'aperitiu al jardí de la casa de l'Empordà, regat de cava fred i d'adjectius superlatius. També es permet Pomés capricis que en l'estrat social burgès es mantenen en la discreció, com la dèria pels quadres d'Urgell o l'Aston Martin que es va comprar per celebrar que havia superat un còlic hepàtic.

Tant els seus negocis amb grans empresaris com l'actitud vital de Pomés són cúspides del capitalisme. La burgesia barcelonina que es considera d'esquerres, ho fa majoritàriament des d'una teatralitat de sobretaula, no pas pels seus fets i costums. Francisco García Pavón, escriptor de Tomelloso, va guanyar el 1969 el Premi Nadal de narrativa amb *Las hermanas coloradas*, una excel·lent novel·la policíaca, retrat de la societat del tardofranquisme, protagonitzada pel seu mític agent municipal Plinio. Hi ha una escena al llibre en què Plinio, el seu amic don Lotario –el seu doctor Watson; el veterinari del poble– i un comerciant de vins s'entaulen en una marisqueria de Madrid. Hi ha una mica de García Pavón en cadascun d'ells: diàlegs erudits i metafísics, oberts al món i a les tradicions. Són cínics amb els idealistes i crítics amb el franquisme, però sobretot són hedonistes com Pomés, és a dir, personatges que difícilment sacrificarien els plaers del món per cap revolució ni lluita de classes però que, a diferència del prestigiós fotògraf barceloní, saben que són de dretes:

> Nada más entrar en la Ostrería, y mientras pedían y no pedían, el Faraón empezó a picar en todos los mariscos que tenían a mano. Y como puso cara de alarma un mocete que había a su cuido, le dijo con aquel aire sentencioso que le dio fama en el pueblo:
>
> –Muchacho, tú tranquilo y contabiliza de cabeza, que aquí los presentes somos todos de derechas y con el vino recién vendido.

García Pavón sembla transmetre també un rebuig visceral pel classisme, tot el contrari que la burgesia barcelonina, sigui d'esquerres o de dretes. Pomés, a les memòries, hi inclou una anècdota que pot semblar del tot intranscendent però que si hi apareix publicada és perquè per a ell era important, com si fos una línia guixada a terra per separar els bons dels dolents. Són dues pàgines en què, admeto amb vergonya i amb els remordiments característics del *pijoprogre*, m'hi sento representat. Pomés, en l'enèsim capítol de les seves conquestes femenines, relata un encontre amb uns nois que descriu com uns «sotacarros». Pomés coincideix amb ells fent cua en una pastisseria on ha de comprar les postres per a la vetllada romàntica amb la seva amiga, de nom Joana:

> La dependenta tenia una vivesa i una joventut contagiosa i descarada. Va despatxar tres nois que volien un dònuts i un croissant, i que se'l volien partir. A un d'aquells babaus, suposo que animat per la bona acollida, se li va acudir demanar-li un *tocinillo* que havia vist a l'aparador i que se'l menjarien *in situ*. La botiga estava força plena i a mi em tocava el primer després dels tres capritxosos. Començava a impacientar-me. La noia, en canvi, davant d'aquella minsa petició no es va immutar; al contrari, es veu que li va fer molta gràcia. Sense deixar ni un sol instant de coquetejar, va invitar el noi més alt, que tenia un aspecte de salut esportiva prepotent, el més babau, el que havia tingut l'ocurrència del *tocinillo*, que li assenyalés el que li fes més delit als ulls [...] Es notava que li agradava, no sé què cony li veia. Tampoc n'hi havia per tant, un tio alt, amb una rialla denticlor sense cap interès. Pobreta, vaig pensar, és jove i encara no sap res dels homes [...] Em feien pena. Tots. «Com es pot ser tan vulgar?» [...] Quina història tan trista. Quina joventut tan inútil, i tot per una fresca que tampoc és res de l'altre món, i per un *cachas* (sí, *cachas*, que és una paraula inaguantable que utilitza la meva filla per referenciar un senyor de les característiques dels desgraciats que tinc davant meu). No ho puc aguan-

tar més. Decideixo d'anar-me'n. La Joana es quedarà sense postres.

Pomés formava part d'una societat elitista, amb els seus defectes i també les seves virtuts. Aquestes virtuts són en bona part producte de tenir les necessitats bàsiques cobertes, d'una elevada formació que s'aconsegueix gràcies al temps lliure. Pomés és un personatge cabdal en la modernització d'Espanya durant el tardofranquisme. Això és el que compta i el que quedarà d'ell.

Pomés també era copropietari dels restaurants Flash Flash i Il Giardinetto. Tots dos establiments seran una mena de cova d'Altamira que obrirà els ulls als antropòlegs del futur per entendre com eren les relacions socials al món de l'ordre. El periodista Xavier Mas de Xaxàs va encetar al març del 2017, a *La Vanguardia*, un cicle d'entrevistes amb l'encapçalament «Giardinetto Sessions». Les preguntes les feia Mas de Xaxàs i el vídeo l'enregistrava el fill de Pomés, Poldo Pomés –que, a més de ser documentalista, treballa al capdavant d'Il Giardinetto. Per la llibreta i la càmera de les Giardinetto Sessions han passat alguns dels apatxes resistents de la *gauche divine* i alguns dels seus pocs hereus. L'escenari de les entrevistes és el mateix restaurant: l'ombra verda de les parets sobre les tovalles; les escales ascendint cap a la planta superior entre columnes que simulen ser troncs d'arbres; el cambrer o el bàrman preparant el còctel dels clients. Els vídeos estan elaborats amb un estil íntim que sembla realitzat per a consum d'uns pocs; els resums de les trobades per part de Mas de Xaxàs són cròniques amables, una feina d'apuntador social afectuós amb els amics.

Per les Giardinetto Sessions han circulat personatges catalans amb el seu castellà de casa bona, noms de primera com Mercedes Milá o l'arquitecte Òscar Tusquets. Aquest va explicar a Mas de Xaxàs: «Jo vaig ser amic de Vargas Llosa, de García Márquez, de Donoso, que vivien aquí, i ens trobàvem gairebé cada nit. I personatges del nivell de Jaime Gil de Biedma, Gabriel Ferrater. Hi deu haver gent així avui, però no els conec; estic obert a conèixer-los, per això vinc aquí, a la barra del Giardinetto. Ara m'he fet amic de Martínez de Pisón». L'escriptor Martínez de Pisón també va ser entrevistat a les Giardinetto Sessions.

L'entrevista més sucosa per mi de les Giardinetto Sessions va ser possiblement a la «directora d'art gastronòmic» Pepi de Boissieu. El relat de Pepi de Boissieu se superava amb cada intervenció, segons l'escrit de Mas de Xaxàs: «Amb l'artista Juanli Carrión va col·laborar en un projecte a Nova York que combinava els conceptes de desigualtat, identitat i justícia social amb un jardí, un hort projectat i mantingut per immigrants. De Boissieu va idear uns plats vegetarians que van completar el relat artístic»; «A mi m'agradaria molt que Pepi de Boissieu, en col·laboració amb un gran xef i uns grans artistes, fos capaç d'asseure a la mateixa taula enemics irreconciliables, com els israelians i els palestins, per exemple, en un acte que demostrés el poder redemptor dels aliments compartits», deia Mas de Xaxàs, i prosseguia: «Els fogons poden canviar el món. De moment ella està implicada en un altre projecte quasi tan encomiable: pensar el menjar del silenci. Donar menjar a quatre-cents nens, alumnes d'escoles públiques catalanes, ajudar-los a reflexionar sobre el silenci mentre mengen».

El pal de paller, fos a principis del segle XX o ara a principis del XXI, ha tingut manta paciència amb aquests fills bohemis que volen ser fotògrafs, directors d'art gastronòmic o propietaris d'una llibreria.

Els Lara van veure que hi havia una opció de fer diners amb l'assumpte de la cultura, dels llibres més concretament. José Manuel Lara Hernández, el fundador del grup Planeta, va arribar d'Andalusia a Barcelona amb els guanyadors de la Guerra Civil, i va aprofitar la seva condició de conqueridor per obtenir un lloc a l'elit local. Va pencar com un ase per construir Planeta, no des de zero com l'avi Palatchi, però s'hi va escarrassar tant o més, amb un punt probablement de remordiment pel fet de ser un nouvingut imposat. Potser per això, per guanyar-se la gràcia dels notables indígenes, els Lara, sense renunciar al seu amor per Espanya, també van esperonar el poder català. Van salvar el Grup 62 i van comprar el diari *Avui* quan la Generalitat així ho va sol·licitar. Els Lara han publicat llibres de comunistes, d'independentistes o de franquistes recalcitrants; participen a La Sexta per difondre la doctrina de la nova esquerra, però tenen Antena 3 perquè les senyores grans de partida de canastra els divendres i missa els diumenges tinguin també el seu informatiu. I editen *La Razón*, és clar. A cada àmbit ideològic hi ha una branca del pal de paller dels Lara.

A Lara Hernández no el vaig conèixer en persona. El més a prop que he estat de la seva presència va ser a la perruqueria Remy, de la travessera de Gràcia. Remy és un estilista de nom real Remigio Martínez. Quan Remy es va jubilar, el 2014, vaig publicar un article a *El País* contant la seva història. Aprofito aquest llibre per fer una esmena al títol d'aquell article –el titular no era meu–: «El perruquer de la Gauche Divine». Remy no era el perruquer de la *gauche divine*; va obrir la paradeta quan floria la *gauche divine*, però el perruquer de la *gauche divine* era Iranzo, al carrer Tuset, a cent metres de Remy.

Que Remy tanqués és l'enèsima advertència de la fi del món de l'ordre que recull aquest llibre. A Remy el va substituir una perruqueria que es descrivia a l'aparador com a *slow hair* i que dirigia un tal Alexis Ferrer, un noi de Sabadell que té la llista dels serveis en català i que llueix un d'aquests bigotis de soldat de l'imperi austrohongarès que en diem *hipster*. Remy, a diferència d'Alexis Ferrer, no aparentava cap mena de triomfalisme, ben al contrari, era el paradigma de l'empleat agraït. Era un murcià que va arribar amb disset anys a Barcelona amb una mà al davant i una altra al darrere. Va entrar d'aprenent a Iranzo i d'allà va saltar a la travessera de Gràcia copiant-ne el model. Fins i tot li va dissenyar l'interior del local Xavier Regàs, germà d'Oriol Regàs. Remy, però, es va especialitzar en el tall de cabell per a homes clàssics, de poder, i va rebre moltes confidències que aniran a la tomba amb ell. El meu sogre, home de molt d'ordre, era client de Remy. Ell va ser la targeta de visita perquè acceptés parlar amb mi unes hores abans de jubilar-se. De totes les peripècies socials que em va explicar, les més fascinants eren les del traspassat Lara Hernández:

> Polítics i els seus familiars, grans empresaris, periodistes de quan la televisió era en blanc i negre s'han posat sota les tisores de Remy fins l'últim moment. De seguida pensa en José Manuel Lara pare, que s'hi sentia com a casa. «Lara cridava: "Charo! Posa'm Fraga al telèfon!", i mentre l'arreglava, parlava amb el ministre. Al mateix temps, l'expresident de la Federació Espanyola de Futbol Pablo Porta trucava a la perruqueria: volia que l'aviséssim si Lara hi era». «No se suportaven», afegeix la Charo. Ja-

vier de la Rosa també era un client fidel. «Per aquí ha passat el que roba i el que no roba.»

Al seu fill José Manuel Lara Bosch el vaig tractar en persona en diverses ocasions. Era un pal de paller amb totes les de la llei. El primer contacte que vaig tenir amb Lara va ser per telèfon. Jo treballava a *Actualidad Económica,* devia ser l'any 2001 o 2002. Era un dilluns de bon matí, jo seia al meu racó de taula, que compartia amb les periodistes de *Diario Médico.* Aquestes em tractaven cordialment, però sobretot com el que era, un ximple de vint-i-dos anys. Era primera hora del dilluns i va sonar el telèfon. Despreocupat, el vaig despenjar:

–Senyor Segura? Soc la secretària de José Manuel Lara. El senyor Lara voldria parlar amb vostè.

Divendres havia sortit el darrer número de la revista i hi apareixia una peça meva analitzant els resultats del grup Planeta. Res de bo podia haver provocat aquella trucada per sorpresa:

–Hola, Cristian. A ver, ¿pero de dónde sacas que estamos tan endeudados? El sábado cené con dos presidentes de caja y me comentaron que no sabían que estábamos tan jodidos. Y yo que les pregunto dónde han leído eso y me responden que en *Actualidad Económica.* Y bueno, he leído el artículo y, chico, te has lucido. Mañana a las nueve y media vienes a Planeta y te reúnes con Badenes, que te explicará dónde te has equivocado.

Naturalment no vaig gosar dir ni ase ni bèstia, i vaig fer el que em va «suggerir». Jesús Badenes era aleshores el director de la divisió de llibres de Planeta; avui n'és el director general. Va ser amable i pacient per fer-me entendre per què havia calculat malament el deute de la companyia. Vaig proposar de publicar una fe d'errades, però Badenes va dir-me que no calia, que en un proper article ja podria esmenar l'error.

Un any més tard vaig trobar-me amb Lara al palau de congressos de Salamanca. S'hi celebraven les jornades anuals de l'Institut de l'Empresa Familiar –la patronal de les empreses familiars–, del qual ell n'era president. Tots dos vam coincidir escaquejant-nos d'una conferència que s'estava celebrant en aquell moment, ell per fumar i jo per prendre'm un cafè. Em va saludar ell primer i vaig aprofitar per recordar l'enrenou del deute i disculpar-me; la pausa de cinc minuts va acabar sent una interessant entrevista de mitja hora sobre el món de l'empresa familiar, sols a la cafeteria, que vaig publicar a la revista.

La tercera vegada que vaig poder parlar amb ell va ser la nit del 6 de gener del 2011, quan em va lliurar el Premi Josep Pla de Narrativa. Lara, escortat per Artur Mas i la seva dona, em va felicitar. El diàleg va ser així:

Jo: *¿Sabe que soy el primer galardonado con el Pla que es perico?*

[nota: els Lara van ser accionistes de referència de l'Espanyol]

Lara (somrient a les càmeres i parlant com si fos ventríloc): En català.

Jo: *¿Perdone?*

Lara: Que ara toca parlar en català!

Lara tenia, a banda de la condescendència, un altre tret fonamental del pal de paller, que és combinar l'autoritat amb la informalitat. Però per molt col·loquial que fos, mai deixaves de percebre que Lara era un home del poder.

Isidre Fainé no va gaudir d'aquest caràcter entre informal i autoritari –a mi em semblava autoritari i prou–, però com a president de La Caixa va ser el pal de paller per excel·lència. Si Planeta inverteix a La Sexta i a *La Razón*, al Grup 62 i a Onda Cero, a l'*Avui* o a Antena 3, La Caixa –ara CaixaBank– encara és més prodigiosa en els seus malabarismes per satisfer i alhora tibar múltiples grups d'interès, sigui amb publicitat o amb crèdits. La Caixa era la Casa Gran del país, i el seu president era el pare que es preocupava de tots. Això havia estat així des de temps immemorials, fins que bona part dels seus fills s'entestaren a tirar pel dret amb la independència unilateral de Catalunya i l'entitat va decidir que ja en tenia prou de ser la mainadera d'uns irresponsables. Fainé es va retirar el 2016 de la primera línia executiva del banc, sense fer soroll, com el monjo que es reclou en una cel·la fins a l'últim sospir. De la mateixa manera va acabar la feina el seu antecessor, Josep Vilarasau. Vilarasau i Fainé tenen similituds per mi evidents: tots dos tenen poc cabell, pentinat amb cura cap enrere; uns ulls clars rere unes ulleres de les quals sempre em fascinava la qualitat del vidre. Jo també porto ulleres i mai he aconseguit que fossin tan transparents o que estiguessin tan netes. Era una obsessió, quan coincidia amb Fainé o Vilarasau, observar els vidres de les seves ulleres. Tots dos tenen una mirada que et pot crucificar, una veu sinuosa, com la de Marlon Brando a *El Padrí;* prims com secalls, roseguen en silenci les poques paraules que deixen anar. Els presidents de La Caixa són com monjos guerrers; són els *shaolin* del poder.

En l'entreacte que es va produir entre els regnats de Vilarasau i de Fainé va ser president de La Caixa Ricard Fornesa. Fornesa havia estudiat a La Salle Bonanova juntament amb Vilarasau; eren companys de pupitre. Jo també vaig estudiar, dotze anys, a La Salle Bonanova. Gerard Piqué, el central del Barça, també va ser-ne alumne. Possiblement per això és un dels pocs futbolistes que no llueix tatuatges, i també possiblement per haver-se format a La Salle actua també tan bé com a nen fatxenda. Fornesa venia de ser president d'Aigües de Barcelona –tot provenia del mateix pal, el grup industrial de La Caixa. En una ocasió el vaig entrevistar a l'antiga seu d'Agbar del passeig de Sant Joan; la seva manera de ser era més similar a la de Lara que a la dels templers Vilarasau/Fainé. Voluminós i afable, però amb mala llet quan calia,

Fornesa va aturar un moment l'entrevista per preguntar-me per què diantres jo, com la seva filla, volia ser periodista si era una feina tan mal pagada i tan poca cosa. No vaig respondre el que de debò pensava: «Abans, els qui com nosaltres ho tenien tot solucionat i no sabien què fer amb el seu futur professional, per exemple, estudiaven Dret; ara es dediquen a aquestes coses de la comunicació. Tot això també és culpa seva, de la seva generació, per haver-nos malcriat».

La meva feina periodística va tenir un abans i un després d'Isidre Fainé. *Actualidad Económica* va encarregar-me l'any 2002 un reportatge sobre el conflicte polític que ocasionava la modificació de la llei de caixes d'estalvi catalana; la principal finalitat del canvi era jubilar Vilarasau de la presidència de La Caixa. La qüestió era política, això és tan segur com que hi ha nombroses especulacions sobre les raons de l'enfrontament entre Vilarasau i la Generalitat –és a dir, Jordi Pujol–, més enllà de l'estira i arronsa per implicar més aquesta entitat financera en la construcció nacional catalana. Vaig tenir l'oportunitat de disposar d'una font de primera mà dins del Departament d'Economia de la Generalitat. Aquesta font em va explicar, en resum, que l'ungit successor de Vilarasau seria Fainé i no el seu rival Antoni Brufau. En l'article que vaig escriure, sense citar cap font amb noms i cognoms, també assegurava que Fainé estava al cas de l'operatiu. El mateix dia que va sortir publicat l'article –divendres– em van trucar de La Caixa per ordenar-me que em personés dilluns a la seu de l'entitat a Madrid. El director d'*Actualidad Económica* també hi seria.

El director de la revista, relativament nou en el càrrec, es deia Jaime Velasco Kindelán. Era un home alt, carnós, amb unes galtes que delataven una infància farcida de dolços i satisfaccions –els Kindelán són un llinatge d'ordre de primera magnitud a Madrid. Velasco era, en definitiva, el prototip de persona que no vol problemes. I heus aquí que el seu reporter de Barcelona, un postadolescent descontrolat com un mico amb granades de mà que han alliberat una tarda de dissabte al portal de l'Àngel, l'havia ficat de peus a la galleda del problema entre els problemes. Si alguna cosa vol evitar un director de mitjà de comunicació d'Espanya i Catalunya és un maldecap amb les *tres maries:* el Santander, el BBVA i La Caixa; si el maldecap implica una reunió d'urgència amb la màxima autoritat d'un d'aquests tres bancs, aleshores, com diria Saul Goodman, és que el maldecap ha passat a ser un «río de caca».

Vaig passar abans per la revista per trobar-me amb Velasco. La redacció d'*Actualidad Económica* era al passeig de la Castellana, a l'antiga seu de Recoletos, un grup editorial de famílies de l'Opus que tenia en propietat els diaris *Expansión* i *Marca* i la revista *Telva,* entre d'altres. Velasco era poc xerraire en general i aquell matí en particular. No podia distingir qui dels dos estava més nerviós. Vam creuar la Castellana i xino-xano vam arribar a La Caixa. Allà ens va rebre el director de comunicació, Javier Zuloaga, i de seguida vaig veure que ell encara estava més nerviós que nosaltres. Anys després, Zuloaga em va confessar que donava per fet que l'acomiadaven aquell mateix dia.

Ens van fer pujar al despatx de Fainé. Durant la meva carrera professional he entrevistat gent poderosa; també he tingut al costat dos presidents dels Estats Units, dos cancellers alemanys, el president xinès, he interactuat amb presidents espanyols, amb presidents de multinacionals, amb Pujol, amb Miquel Roca: mai he sentit el pes del poder com aquell matí de dilluns al despatx madrileny d'Isidre Fainé. El control dels silencis, aquells ulls que et comuniquen violència mentre el cos es manté serè.

Tots quatre vam seure en una petita taula de reunions. Fainé va garantir-me que el contingut del reportatge era fals i va repetir alt i clar: «Jo no vull ser president de La Caixa». Ens vam aixecar, em va facilitar una targeta de contacte i em va demanar, mentre em passava el braç per l'espatlla, prement molt fort amb una mà, que si tenia algun dubte que li truqués, perquè una situació com aquesta no s'havia de repetir.

Aquell dia vaig veure clar que ja n'estava fart, del periodisme econòmic, i vaig decidir que volia marxar d'Espanya. I també vaig aprendre que no s'havien de citar fonts anònimes en una informació perquè ets tu qui es queda amb el cul a l'aire. Allò va canviar la meva manera de treballar; la va fer més exigent a l'hora de confirmar els fets. Si no tens un mestre que t'indica el camí, fes-te'l apartant les pedres.

Crec que diversos factors em/ens van salvar. La clemència davant la meva joventut, primer de tot. La meva fila de bon nen, segon. I, tercer, ens vam salvar perquè la frase sencera de Saul Goodman diu: «If things go wrong, it's río de caca for the both of them». Fainé és un pal de paller, com ho era Lara, i enfonsar algú no és l'estratègia intel·ligent d'una persona que ha de garantir l'ordre.

Per cert, Fainé va acabar sent president de La Caixa.

* * *

Els pals de paller talla XXL com Fainé o Lara són noms que es compten amb els dits d'una mà; si eren personatges excepcionals abans, avui encara ho són més. Antoni Castells, exconseller d'Economia de la Generalitat, ho explica així al llibre *Los Lara*, de José Martí Gómez: «Malauradament eren, i són, pocs els empresaris disposats a realitzar aquest paper de lideratge social i que estiguin preparats per fer-ho. A l'època que vaig ser conseller d'Economia i Finances, Godó organitzava un sopar cada dos o tres mesos, amb algun convidat del món de la política, en què hi participava un nombre molt reduït d'empresaris, una cosa així com un sanedrí. Lara hi tenia un paper important. Però ja no hi són ni ell, ni [Leopoldo] Rodés, ni Fornesa».

És cert que un dels fills de Rodés, de nom Gonzalo, ha impulsat una associació anomenada Barcelona Global per a la promoció de la ciutat, però aquesta encara és poca cosa; també és cert que un dels hereus dels Puig, Marc Puig –president del grup de perfumeria i cosmètica–, està assumint notorietat en aquest rol per establir consensos, però són iniciatives poc potents i amb una influència relativa. Aquesta manca de fars respon a un tarannà conservador, a una lògica fàcil d'entendre: hi ha més a perdre si un es mulla que no pas si un no es llança a l'aigua. El món de l'ordre ha sobreviscut tradicionalment recloent-se rere les muralles dels seus castells, estratègia de supervivència que s'ha agreujat perquè exposar-se públicament és avui especialment arriscat: qualsevol opinió o decisió pot ser motiu de linxament digital, polític i mediàtic.

* * *

La família Puig és un dels darrers bastions d'ordre de Barcelona, per la seva fortalesa empresarial i per la seva presència en la reserva. La seva principal aportació al país és un grup econòmic que crea 4.500 llocs de treball. Socialment, la seva principal aportació ha estat una regata de vela clàssica i haver patrocinat el vaixell del rei. Els Puig són més propis d'aquest món que s'extingeix que no pas Fainé o Lara. L'actual generació que lidera la companyia m'és desconeguda; amb qui vaig tractar –poc– és amb els seus pares, els que van internacionalitzar la marca. Dels quatre germans que portaven la nau, Enrique és l'únic que vaig conèixer millor perquè era el responsable de les relacions públiques del grup. Em va atendre amb deferència en un parell d'ocasions perquè soc besnet de Gerardo Segura, competidor i amistat del seu pare. Perfumes Segura va existir durant més d'un segle; va ser fundada tres dècades abans que Puig. Durant la primera meitat del segle XX va ser una de les grans fabricants de colònies d'Espanya. La va fundar el meu rebesavi al segle XIX i fa uns pocs anys que va tancar.

Jo havia d'entrevistar Enrique Puig per obtenir xifres, per informar d'un grup empresarial que aleshores, el 2002, ingressava 800 milions d'euros –ara en factura el doble– però del qual, des del punt de vista econòmic, no se'n sabia gairebé res. Els Puig han estat el paradigma del pànic de la burgesia barcelonina i de l'empresariat familiar català a aparèixer sota la llum pública. Com si col·leccionessin fetus en formol, o com si amaguessin laboratoris d'amfetamines al magatzem, l'empresa familiar catalana ha evitat durant dècades l'exposició mediàtica. La tendència –des d'un punt de vista empresarial–

ha canviat progressivament, en consonància amb una realitat politicoeconòmica que exigeix transparència, encara que l'empresa en qüestió no cotitzi a borsa. El que aquests empresaris finalment han entès és que una companyia de grans dimensions i amb un pes social significatiu no només respon davant dels accionistes, sinó davant la ciutadania.

Enrique Puig, en una d'aquelles reunions durant l'època d'obscurantisme informatiu, em va dir que «parlar de diners no és de cavallers». En aquella sala de reunions, de fusta noble i amb llibreries que no s'obrien des de la guerra del catorze, vaig consumir una hora xerrant sobre qüestions frívoles; tinc present que vam parlar de quin havia de ser el caràcter d'un capità de veler. La meva alternativa va ser escriure el reportatge a base de fonts anònimes sobre com tenia previst Puig fer una reestructuració del grup. L'article va ser un desastre perquè res d'allò es va complir, i els Puig van afegir-me a la llista negra fins al punt que el *pater familias*, Mariano Puig Planas, hauria demanat al president de Recoletos, Jaime Castellanos, que es prenguessin mesures contra mi. Castellanos va ignorar la petició perquè també és de cavallers torejar aquests rampells immadurs. Si una revista empresarial publica un article tan desastrós, no és només culpa d'un redactor de vint-i-un anys.

Una dècada més tard, vaig gaudir d'una vetllada popular amb l'esposa d'un dels fills de Mariano Puig.

Compartíem taula a l'antiga carbonera de no recordo quin poble del Baix Empordà, un espai enmig del camp on un cop l'any s'hi apleguen festivament els veïns i els propietaris de segones residències. El bàndol de l'ordre i el bàndol dels empordanesos només es mesclaven a la cua on es recollia la carn de la barbacoa. Les mirades entre ells cremaven més que les brases –«*pijos* fatxes de Barcelona» vs. «*paletos independentistas*»–. Jo formava part de la comitiva d'*apellidos ilustres* de la zona alta que confraternitzaven entre ells com si estiguessin en un safari al Serengueti, aplegats entorn de deu taules de plàstic ajuntades sota hules de plàstic, gots reutilitzables i cistelles de pícnic comprades a Vinçon amb els coberts i els licors corresponents.

El tracte que em van dispensar aquells noms selectes de l'ordre barceloní va ser exquisit; la primera entre tanta cordialitat va ser la nora de Mariano Puig. La recordo interessada per la meva experiència a la Xina i pel fet que vaig ser presentat al grup com a autor de novel·les; si fa no fa, era com els sopars de l'edat mitjana en què el bufó entretenia la cort. Ella és una dona bella i intel·ligent, d'una elegància com poques a les cròniques de Carlos Martorell. Havia oblidat la seva existència fins a l'any 2016, quan va aparèixer discretament a la premsa del cor perquè la seva filla es casava amb un fill d'Ana Patricia Botín. Sense dubtar de l'amor que es professen, aquest matrimoni amb els amos del Santander pot ser la salvaguarda del grup Puig pels segles dels segles, amén.

* * *

A la reserva de l'ordre ha aparegut un altre personatge que ha provocat una certa discòrdia: es diu Manuel Valls i és polític. Francès nascut a Barcelona, fill d'un reconegut artista català, va ser ministre de l'Interior i primer ministre de França. Va intentar ser candidat a la presidència de la República, però va fallar. Hiperactiu com és, i després de comprovar que com a diputat ras a l'Assemblea Nacional francesa s'avorriria d'allò més, l'any 2018 va decidir provar sort creuant fronteres amb una jugada inaudita a Europa: es presentaria per a alcalde de Barcelona.

Valls va ser rebut en un primer moment amb esperança pels nostres pals de paller. La música del seu discurs sonava bé: proposava grans consensos com els dels Jocs Olímpics, va fitxar el cap de gabinet de Pasqual Maragall; es presentava com un home de catalanisme de centre, constitucionalista naturalment; el seu oncle havia compost l'himne del Barça, *La Vanguardia* se l'escoltava amb devoció. Tot apuntava que aconseguiria ràpidament un bon tou de *semáforos verdes*, però alguna cosa es va tòrcer entre Valls i el decrèpit *establishment* barceloní. De sobte, Valls va començar a proclamar en públic que la burgesia de la ciutat no havia plantat cara a l'independentisme; bàsicament, els acusava de ser còmplices per absència del caos de la cursa unilateral. L'acte en què va fer patent la trencadissa va ser un sopar privat el maig del 2018 a casa de Mariano Puig. L'àpat era una trobada d'homes de seny a l'engròs: a més de l'amfitrió hi havia l'advocat Emilio Cuatrecasas; el notari i conseller de La Caixa Juanjo López Burniol; el president del Banc Sabadell, Josep Oliu; el director de *La Vanguardia*, Màrius Carol, o l'economista i expresident del Cercle d'Economia Antón Costas. La trobada avançava plàcidament fins que Cuatrecasas va recriminar a Valls que s'aliés amb Ciutadans i que participés en manifestacions on s'hi lluïen massa banderes espanyoles. Cuatrecasas, pel que m'han comentat del seu entorn familiar, s'havia escorat cap a posicions cada cop més sobiranistes; els seus punts de vista segurament no eren nacionalistes, però sí que eren més i més crítics amb la idea d'Espanya que tenen els seus amics de Madrid. El canvi no és poca cosa tenint en compte que la família Cuatrecasas mai ha destacat en temps recents per res que tingui a veure amb la idea d'una pàtria catalana, ni tan sols amb el catalanisme més moderat. Les cròniques del sopar a can Puig que van aparèixer als mitjans, i el relat que em va aportar un dels comensals, indiquen que la cosa va acabar fatal després que Cuatrecasas insistís que, amb Ciutadans i amb banderes espanyoles, Valls mai podria representar la transversalitat de la societat catalana. Va ser aleshores quan Valls es va aixecar –s'estaven servint els cafès– i va acomiadar-se a la francesa, no sense deixar ben clar que tots ells no havien mogut ni un dit per aturar el cacau polític en què s'ha estancat Catalunya.

Des d'aquell moment, el discurs de Valls va anar assumint posicions cada cop més «espanyoles» i més intransigents amb l'independentisme. Si els pals de paller el descartaven finalment com el cavall per apostar-hi, s'hi van mantenir fidels els *pijolocos*. La millor prova de la sintonia de Valls amb aquest món és la seva nova esposa, Susana Gallardo –recordem, l'empresària que apareixia a la campanya electoral del PP, exsenyora de Palatchi des del 2016 i senyora de Valls des del 2019. L'1 d'octubre del 2017, la jornada del referèndum, Gallardo es va dedicar a voltar per col·legis electorals de Sarrià – Sant Gervasi coberta amb una bandera espanyola i gravant-se amb un mòbil mentre feia befa de tot plegat. Aquesta exhibició pública delirant és *pijoloquismo* de primera categoria, tot i que també evidencia la derrota del món de l'ordre. Però no només és qüestió de Gallardo: als actes públics de Valls s'hi deixaven veure exemples d'allò que Vila Casas consideraria votants de Ciutadans amb el coll de la camisa dos botons descordat. En honor a la veritat, en alguns mítings de la campanya electoral de Valls –que em va tocar seguir– aquests votants vips de Ciutadans sí que hi eren, però per norma vestien amb americana i corbata, i es mantenien junts en rotllanes a part, aïllats voluntàriament de la resta d'assistents, evidenciant unes enormes diferències socials entre ells i les bases del partit taronja. Probablement era la primera vegada que assistien a un acte electoral, i si ho feien, era per l'amistat amb els Valls/Gallardo.

Valls és nou en la societat civil barcelonina, i la seva vehemència possiblement delata que encara no entén que l'actitud d'aquests prohoms respon a uns equilibris amb una lògica històrica de fons. L'exprimer ministre francès també ha acusat aquesta burgesia de ser poc ambiciosa i de «provinciana» –paraula emprada per ell. D'alguna manera, el parer de Valls coincideix amb el que opinava Lara dels seus adlàters: també els considerava poc ambiciosos. Ho corroborava Jordi Alberich, exdirector general del Cercle d'Economia –«la Masia» dels pals de paller–, en un article del mes de maig del 2019 a la revista *Política & Prosa*: Lara, segons Alberich, va ser l'últim representant d'un col·lectiu empresarial que aspirava a influir a Madrid i a Brussel·les.

* * *

Una persona que ha entès la fragmentació de les elits barcelonines, i que sobretot ha entès com de difícil és atraure les minvants forces del seny cap a les tesis espanyolistes, és Cayetana Álvarez de Toledo. D'arrel aristòcrata, el Partit Popular la va situar com a cap de cartell a Barcelona a les darreres eleccions generals. Procedent de Madrid, el seu vincle amb Catalunya era mínim, sobretot el seu exmarit, un membre de la família Güell. Álvarez de Toledo va aterrar com a candidata amb les idees clares. A finals del 2017, arran del nomenament del nou president dels populars catalans, Álvarez de Toledo deia això: «Alejandro Fernández és conscient que els seus electors no són precisament pròcers terceristes del Cercle d'Economia. Brillant a la tribuna. Amb gruix intel·lectual, sentit estratègic i domini de la ironia. Autònom dels germans Fernández Díaz fins a estar disposat a jubilar-los. Un president immune al cumbaià de les corruptes sirenes catalanistes».

La paraula «terceristes» prové del concepte «tercera via», és a dir, aquells que volen trobar un consens entre la independència i l'Espanya de les autonomies. Per als independentistes del morro fort i per als espanyolistes com Álvarez de Toledo, un tercerista és un ésser infecte. Per «corruptes sirenes catalanistes», Álvarez de Toledo es referia al fet que, fins avui, molts dels dirigents del PP català havien format part de l'*establishment* nostrat. Per això Santi Fisas, eurodiputat del PP i de bona família barcelonina, va criticar Álvarez de Toledo per no parlar català. Enrique Lacalle, exdirigent del partit, ha fet tots els papers de l'auca institucional a Barcelona; els

Fernández Díaz, tot i ser uns *parvenus* –fills d'un militar navarrès aterrat a Barcelona amb els vencedors de la Guerra Civil–, havien fet el possible per integrar-s'hi. Altres veterans com Jordi Cornet, Enric Millo, Alejo Vidal-Quadras, tots són fills d'una societat benestant catalana. El Partit Popular és avui un partit moribund a Catalunya, per diverses raons, però per mi la principal és que primer Ciutadans i després Vox se'ls han cruspit perquè sabien que el conflicte nacional esclataria, i que les mitges tintes penalitzarien.

Potser perquè no ha tocat poder, Ciutadans no té presència en la societat civil barcelonina de referència, una absència que és precisament el que destaca Álvarez de Toledo del PP per trobar el seu nínxol de mercat, un nínxol contra el sistema català. Ciutadans ha tingut referents que procedeixen de la Barcelona benestant, intel·lectuals que van ser fundadors de la formació, com Félix de Azúa o Francesc de Carreras, noms que foren militants de la secció progressista i que van ser dels primers a desertar del món de l'ordre, com ho han acabat fent els seus antagonistes, la burgesia que ha abraçat l'independentisme. Cada sector està creant noves elits en detriment del marc compartit que era allò de l'oasi català. Són elits menys complexes, més uniformes, més primes i més aïllades les unes de les altres.

Álvarez de Toledo és vocal de la FAES, una fundació que actua com a *think tank* de la dreta espanyola i que està encapçalada per José María Aznar. És una dreta conservadora en valors i liberal econòmicament, més atlantista que europeista i, sobretot, promotora d'una espanyolitat desacomplexada i poc sensible amb les reivindicacions del que en diuen «nacionalismes perifèrics». Aznar apareix en aquest relat perquè sovint és l'ase dels cops exculpatoris de la burgesia que havia estat votant de CiU. Aquests sectors es van deixar arrossegar per la rauxa, van donar suport emocional a la independència unilateral i avui miren de justificar el que ells internament consideren un error. I una manera de justificar-se és assenyalar Aznar. És culpa de la segona legislatura de l'expresident del PP, asseguren, allà van començar tots els mals, la centralització, l'atac a la singularitat catalana, etcètera. Tenia i té Aznar una visió centralista d'Espanya? Sens dubte. La va aplicar? La va aplicar sobretot en la privatització dels monopolis estatals. Va aplicar Aznar una recentralització de competències? Aquí és on la ment voluble del bon burgès penedit s'aferra com un clau, perquè les lluminàries que el guien –especialment des dels seus mitjans de comunicació favorits, *La Vanguardia* i RAC1– van estar durant anys assegurant-li que Aznar fins i tot va emportar-se a Madrid els gronxadors del parc que tenen a sota de casa.

Recordem breument quina va ser la relació entre Aznar com a president de Govern i el poder polític català: el 1996 arriba a La Moncloa gràcies al suport de CiU.

L'acord aporta a Catalunya una millora en el finançament, grans infraestructures –com l'ampliació de l'aeroport del Prat–, el desplegament dels Mossos d'Esquadra i la fi de la figura dels governadors civils, entre altres fites. L'any 2000, Aznar obté la majoria absoluta. La majoria absoluta no l'obliga a concedir res a cap grup de l'arc parlamentari, però acorda amb Pujol cedir encara més impostos a les comunitats autònomes –el 33% de l'IRPF, el 35% de l'IVA i entre un 40% i el 100% dels impostos especials. No només això, Aznar, que havia fet fora del lideratge del PP català Alejo Vidal-Quadras –per ser del desgrat de Pujol–, projectava al partit figures procedents del catalanisme com Josep Piqué o Anna Birulés.

El *comodí Aznar* d'aquestes elits tampoc me'l crec perquè mai he sentit que critiquessin el més nefast, en la meva opinió, dels seus mandats: la llei de liberalització del sòl del 1998. L'orgia especulativa que va seguir la facilitat amb què es podien requalificar terrenys no sembla que incomodi aquestes persones que veuen en Aznar la reencarnació de Jack l'Esbudellador, i no els incomoda malgrat que va ser el tret de gràcia per fer esclatar la bombolla immobiliària durant la crisi econòmica del 2008. I per què no els incomoda? Perquè gràcies a Aznar, tothom que tenia un patrimoni significatiu, va lucrar-se a l'engròs amb el totxo. Després van perdre diners, sí, però ells gaudien i gaudeixen d'un coixí que els qui van patir més no tenien.

La figura d'Aznar és per aquesta burgesia catalanista, ara nacionalista, el que va ser Cuba per als nostres avantpassats. El capital català va ser a Espanya el més proactiu contra l'autonomia cubana i contra l'abolició de l'esclavisme. Quan es va perdre Cuba, quina va ser la reacció dels nostres rebesavis? Abraçar el nou nacionalisme català que quallaria en la Lliga Regionalista. Es van oblidar de sobte del seu patriotisme espanyol. Un patriotisme espanyol que va tornar amb el franquisme, i després va tornar amb el suport a les majories d'Aznar.

Com sempre, les incongruències se solucionen amb una oportuna dosi d'amnèsia.

Parvulari Pedralbes

Fart dels mals de cap que anava acumulant amb el periodisme econòmic, vaig decidir canviar d'aires «fugint» a Berlín. Hi vaig viure quatre anys i hi vaig establir bones amistats, una d'elles, la d'en J.

Quan en J. em va veure per primera vegada entrant per la porta del seu apartament al barri de Friedrichshain, la seva impressió va ser que jo era de l'Opus Dei. Per la manera de parlar, pel vestir, pel tall de cabell. No és la primera ni la segona vegada que m'ho han dit. L'opinió d'en J. tenia doble valor perquè ell havia estat alumne de La Farga, la gran escola masculina de l'Opus.

Friedrichshain és un antic districte del Berlín Oriental, un dels reductes del centre de la capital alemanya que aleshores era veritablement alternatiu i relativament lliure de les onades de joves estrangers ufanosos per tenir uns mesos d'experiència berlinesa. En aquell context, els meus pantalons de pana, les ulleres d'oficinista de caixa d'estalvis i la jaqueta d'avi que surt a comprar el diari estaven fora de lloc.

En general sento respecte pels fidels de l'Opus perquè majoritàriament són ferms en les seves creences i són gent agradable, educats, fins i tot forçadament educats. L'Opus Dei és una de les poques forces que li queden al món de l'ordre. Dels seus centres escolars surten els últims cavallers templers del gueto. Aconsegueixen mantenir l'hegemonia del mocassí i la falda planxada entre nens i nenes insolentment segurs de si mateixos. Si no hi teniu les criatures matriculades, no podreu visitar La Vall o La Farga per comprovar-ho, però sí que podeu fer una visita a la Universitat Internacional de Catalunya (UIC). La UIC és un espectacle de veu nasal d'esquí a Baqueira o d'estiu a Son Parc, de cotxes esportius que són el regal per haver complert 18 anys, joves amb americana i batxillers fracassats que sempre tindran el suport del pare.

Desconec quina és la fórmula d'èxit de les escoles de l'Opus, com aconsegueixen mantenir lluny de les aules l'aniquilació del món que els envolta. No són els únics, és clar; a la plaça d'Artós, a Sarrià, hi ha el Santa Isabel, un col·legi dels Legionaris de Crist. Hi he passat per davant gairebé cada dia laborable durant set anys i mai he sentit parlar en català cap dels seus alumnes ni cap de les mares que esperen la sortida de classe. Segurament hi són, però jo mai hi he vist ningú amb un tatuatge, cap adolescent amb aspecte de voler rebel·lar-se. Es comporten com si el món els pertanyés, com si ningú els hagués avisat que hi ha un partit anticapitalista que es diu CUP i que determina l'acció de la Generalitat, que a Barcelona governen els postcomunistes, que el Papa de Roma és d'esquerres i, el que és pitjor, que Xavier Trias s'ha fet independentista. Allà fora hi ha un entorn hostil i els infants segurament en són advertits, però d'una manera inconcreta. Sovint me'ls imagino al pati del Santa Isabel, amb el seu uniforme blau marí i els nàutics, el jersei de punt, la faldilla i els mitjons apujats fins als genolls; allà dins, al pati de ciment, envoltats d'alts murs, filferros i càmeres, potser els fan desfilar al matí i pels altaveus els alerten dels mals que turmenten la societat i que no han de creuar a l'altra banda, més enllà del passeig de Sant Joan Bosco. Me'ls imagino com a la pel·lícula *The Village*, de Shyamalan, aïllats en cabanes enmig del bosc, vestits com els amish, incapaços de sortir del perímetre que marquen els pares perquè, adverteixen, entre els arbres hi ha unes bèsties que esperen per devorar l'innocent que surt del cercle de seguretat.

Amb les escoles de l'Opus es produeix una situació similar a la del Santa Isabel, però a gran escala i sense que el contrast amb l'exterior sigui tan contundent. Durant la meva infància, l'Opus no tenia el monopoli de l'ordre; hi havia altres companyies religioses amb més anys de recorregut i arrelament, tenien prioritat entre les famílies de bé de la ciutat: els jesuïtes, escolapis, les teresianes, el Jesús Maria i també La Salle Bonanova. Aquestes institucions potser tenien una ortodòxia de classe encara més aguditzada que les de l'Opus, però no la identitària. La majoria de capellans eren catalans: a La Salle hi havia el germà Cirici, el professor de música, que ens obligava a tocar *Els segadors* i l'himne del Barça amb la flauta; ens feien fer cagar el tió; les agendes anuals dels alumnes les il·lustrava Pilarín Bayés. Es pressentia un catalanisme que mamava del pujolisme més pragmàtic. Tan pragmàtic que convivia amb un «figura» com l'*hermano* Clemente, una llegenda per a generacions d'estudiants lasallians. Clemente era un home esprimatxat, amb una cara de pomes agres perpètua. Sortia de les golfes on vivia vestit de capellà, de rigorós negre i amb un capell del mateix color. Quan els alumnes veterans, o els germans d'alumnes veterans, el saludaven amb un «Heil Hitler» o un «Viva Franco», el germà Clemente alçava el braç, amb la mà ben estesa cap amunt, i et responia amb un «Heil Hitler» o un «Viva».

Jo ja no reconec alguns companys d'escola que mantinc com a amics a Facebook. Et parlen i t'escriuen en català malgrat que en dotze anys d'escolarització plegats ens vam comunicar en castellà; evidentment, s'han fet independentistes. Els butlletins de l'AMPA de La Salle són avui íntegrament en català i serveixen per comunicar les activitats de sempre: les de catequesi, les convivències i les familiars que jo tant detestava, com detestem el personatge de Flanders als *Simpson*. Ara, però, hi han afegit activitats pròpiament de la ceba, com si La Salle Bonanova fos un col·legi de capellans de Berga. Per entendre el canvi d'era, retrocedeixo a un vespre del 1985 en què els meus pares van tornar a casa rient, comentant entre ells el contingut d'una reunió de progenitors durant la qual els pares d'una alumna de cognom De Porcioles s'havien queixat al tutor de les maneres que la nena havia après al menjador de l'escola. El menjador de La Salle era gegantí, una fàbrica d'omplir el pap a centenars de nens alhora, en torns perfectament calculats. Malgrat les dimensions del lloc i la quantitat de criatures que s'hi ajuntaven, sempre hi havia algun professor que controlava les maneres de menjar: que no aixequis els colzes, que no facis bola amb la carn del bistec, mastega amb la boca tancada, etcètera. A La Salle ens permetien menjar-nos la pota de pollastre amb els dits, embolicant abans l'os amb un tovalló de paper. Els pares de la nena De Porcioles consideraven que allò era inapropiat per a la civilització en general i per a la seva filla en particular. Ella, ho deuen haver endevinat, era neta de l'alcalde Porcioles.

Analitzat amb perspectiva, es veia venir l'ensorrament de l'ordre dels Porcioles i de les seves potes de pollastre. Fins als catorze anys, durant tota l'EGB, vam estudiar separats els alumnes que teníem el castellà com a llengua vehicular i els que hi tenien el català. De quatre línies d'estudis, crec que en només una el català era la llengua vehicular. Per il·lustrar les diferències culturals d'aquella separació penso en el folrat de les carpetes. Els de la línia en català hi portaven enganxades, inexorablement, fotos i lemes de grups musicals tipus Sau, Sopa de Cabra, Lax'n'Busto o Sangtraït –els dos primers, les noies, i els dos últims, els nois. A la meva classe, en canvi, predominaven fotos de personatges de sèries americanes tipus *Los problemas crecen* o *Sensación de vivir*; musicalment hi havia una noia que sempre duia fotos de Miguel Bosé, i una altra, de Mecano. Els *xungos* a la meva classe apostaven per Bad Religion o pel heavy tipus Iron Maiden i Metallica. Les úniques bandes que recordo haver lluït a la carpeta van ser Mano Negra i Nirvana. El rock català em resultava tan estrany i exòtic com el folk noruec.

A partir del batxillerat ens van mesclar i ja no hi havia diferència per llengües ni classe. Crec que és un gran encert del pujolisme perquè Catalunya no fos un país dividit en dues meitats/cultures. Els pares m'havien matriculat a l'ensenyament en castellà perquè temien que no l'aprengués bé, però a casa sempre van parlar en català malgrat totes les pressions del seu entorn social –quan parlar en castellà fonètic de la zona alta era un signe d'estatus heretat del franquisme. Els meus avis van comunicar-se sempre en català, entre ells, amb els seus fills i amb els seus nets. També vaig parlar en català amb els besavis.

Il·lustrant-ho en termes infantils, tan útils per comunicar-se en l'era contemporània de les xarxes socials, per equilibrar la meva influència lingüística em van enrolar a la casa de Slytherin, que tothom que coneix *Harry Potter* sap que són els dolents del llibre. A més de ser castellanoparlants, els Slytherin de La Salle es distingien perquè entre els seus pupitres hi havia cognoms ínclits de l'ordre, no només el De Porcioles. Però també teníem uns pocs nois i noies de famílies normals que podien estudiar a La Salle gràcies a la caritat de l'escola, que els rebaixava la matrícula. Si a classe érem quaranta alumnes, crec que uns deu eren allà gràcies a la pietat cristiana de La Salle, i també al fet que l'escola havia de justificar que fos un centre concertat.

Els alumnes estipendiats eren en general de tracte més agradable que la resta. Entre ells no hi havia brètols, i eren estudiants excel·lents perquè eren conscients del que costava ser-hi. No organitzaven festes d'aniversari a casa seva, si de cas assistien a les dels seus companys rics, perquè estudiar a La Salle, o a qualsevol escola similar, també és una manera de fer contactes que en el futur, quan et fas gran, poden servir per pujar en l'ascensor social.

Soc partidari de l'uniforme escolar. Que tots els nens i nenes vesteixin igual, o que portin la bata com era norma a La Salle, és necessari per evitar la crueltat que poden gastar nens –bestioles encara no passades pel sedàs de la civilització– rics i malcriats amb els seus companys de condició «normal». Amb dotze anys, un amic, l'Antonio, em va partir el llavi d'un cop de pedra. Va passar davant d'una de les fileres de fonts que hi havia al pati principal del col·legi. Era primavera, ho tinc ben present perquè vaig beure aigua per netejar-me la ferida i l'aigua de La Salle, a la primavera, tenia el gust del pol·len dels plataners. La memòria funciona d'una manera curiosa: em van quedar registrats els sabors de sang i plataner barrejats amb aquella aigua de font pública. No sé com, però els pares de l'Antonio van aparèixer en qüestió de mitja hora i em van portar a urgències en el cotxe de la família, un trasto petit i vell –exactament el contrari de l'Audi 80 de la meva àvia. Després van convidar-me a berenar en una cafeteria del passeig de la Bonanova, a tocar de La Salle. Em sentia estrany perquè no entenia aquesta amabilitat cap a mi; al cap i a la fi, si al pati de l'escola no hi hagués cops de pedra o de pilota, no seria un pati d'escola. Ara crec que aquella reacció delatava por, por de perdre el privilegi de ser a La Salle, por de perdre l'ascensor social. Eren gent humil. El fill era un noi de notes excel·lents, brillant, i molt neuròtic. Sempre mastegava bolígrafs Bic; tenia la boca, la llengua, els llavis permanentment tacats de tinta blava. Avui crec que és neuròleg.

A partir del batxillerat van anar entrant nous grups socials en la meva vida escolar. Vaig acabar per ignorar els de la meva condició, els plançons de l'ordre. Amb qui tenia millor relació era amb nois i noies que provenien d'escoles per sota de la Diagonal. El col·lectiu majoritari era el «catalanista» de l'Eixample, nens que avui serien matriculats als col·legis nacional-liberals que han agafat embranzida entre les noves elits, centres com el Thau, Ipsi, Súnion o Aula. A partir dels dotze anys eren freqüents les discussions entre alumnes per discernir si un era «fatxa o catalanista». Els fatxes eren els que parlaven castellà, i els catalanistes, els que ho feien en català. Aquest simplisme i infantilisme ha assolit avui el seu moment de glòria en el món dels adults.

Un any més tard va succeir un dels fets més alliçonadors del meu pas per aquesta vida, i crec que també defineix d'alguna manera el que ha succeït amb el món de l'ordre. Un matí vaig arribar tard a classe. Els qui arribaven tard, de tots els cursos, eren conduïts a una aula de càstig. Allà se suposava que havien de fer deures pendents. Aplicat com jo era, mirava de complir la pena posant-me al dia amb exercicis de ves a saber quina assignatura. Vaig treure de l'estoig –aquests sacs amb cremallera prou llargs per guardar-hi els bolígrafs, els llapis, etcètera– un regle de color negre i vermell on hi havia escrit amb Tipp-ex les paraules «Real Madrid». M'agrada tocar els collons: la manera d'aconseguir-ho era simpatitzar amb el Madrid. Si hagués nascut a Madrid, hauria simpatitzat amb el Barça o el Betis, ves a saber. El cas és que un noi d'un curs inferior, de quinze anys, de la línia «catalanista» –jo venia de la línia «fatxa»–, va aixecar-se del seu pupitre, just darrere del meu, em va agafar el regle i me'l va partir per la meitat. Va tornar al seu pupitre, somrient i picant l'ullet a un amic que tenia a la fila del costat. Se'm va despertar una ira terrible. Passada l'hora de càstig ja m'havia calmat i em disposava a tornar amb la meva classe, però el noi, que era alt i atlètic com un jugador d'handbol, em va barrar el pas a la porta, fent veure que parlava amb el seu amic. El vaig empènyer, amb una força que era pura ràbia, contra la taula del professor –que ja havia marxat–, i el cretí i la taula van rodolar. El cretí es va aixecar i em va fotre un cop de puny al nas i vaig anar a picar amb el cap contra la pissarra. En aixecar-me, vaig tornar a rebre un cop al nas. Resultat: el nas trencat per sis punts, un dia en observació a l'hospital per traumatisme cranial.

L'operació per arreglar tan bé com fos possible la destrossa va ser a la cínica Clarós, un centre otorrino privat de prestigi de les Tres Torres, a tocar de casa meva. El doctor Clarós era amic del meu avi. A la sala d'espera hi érem jo, m'imagino que algú de la meva família i Montserrat Caballé acompanyada de la seva filla. Tinc present l'encontre perquè Caballé va observar-me amb una cara d'entre fàstic i terror quan em van fer passar a consulta abans que ella i jo, com volent justificar aquesta manca de respecte, vaig contar-li que m'havien atonyinat per tenir un regle del Reial Madrid.

Quan vaig tornar a casa de l'estada a l'hospital, el delegat de la meva classe em va trucar –el delegat, no el tutor o el director– per comunicar-me que em farien fora de l'escola durant una setmana. El delegat em va explicar que els pares de l'agressor eren molt actius a l'AMPA i que havien posat el cap del director com un timbal. Els meus pares no assistien a una reunió de pares de La Salle des d'aquella nit de la pota de pollastre de la Porcioles Jr. Ningú no em va defensar, vaig ser expulsat durant una setmana i em vaig quedar per sempre amb el nas tort. Actualment, a un escolar l'apallissen dins d'una aula, en horari lectiu, i la demanda que li cau al centre és tan garrafal que la podria presentar el meu gos, en Tram, i la guanyaria. Si s'analitza fredament, d'una escola que permetia que els nens convisquessin amb un mossèn nazi que saludava la quitxalla amb «Heil Hitler» i «Viva Franco», el mínim que pots esperar és que estossinin alumnes a classe i que protegeixin el *xulo piscines* perquè el seu pare era el més generós el dia del Domund.

La història no s'acaba aquí. Havia dit que el desenvolupament dels fets podia servir de metàfora del canvi del país i del declivi de l'ordre. La primavera del 1996, un any després, l'agressor i jo coincidíem a la línia de sortida d'una cursa atlètica de les convivències de La Salle. Les convivències eren el gran moment festiu del curs: cada any hi havia les mateixes atraccions, la mateixa música sonant per la megafonia dels patis –cada any el mateix casset dels Pet Shop Boys–, les mateixes competicions esportives i culturals. Aquell 1996, jo era físicament una bèstia. Estava a punt de jugar el campionat d'Espanya juvenil d'hoquei herba. A La Salle em vaig apuntar a la cursa de fons –crec que eren cinc quilòmetres de carrera–, que es corria donant voltes al camp de futbol; aleshores era de terra, ara és de gespa artificial. Competíem mig centenar de nois. A l'última volta jo anava primer, molt distanciat de la resta; a la penúltima cantonada, en un córner, una companya de classe, l'Alessandra, m'aplaudia i em somreia, contenta perquè estava a punt de guanyar. I de sobte va aparèixer el noi que m'havia trencat el nas l'any anterior, superant-me en un esprint colossal, sense denotar patiment, sobrat. Vaig perdre per mitja volta, i avui penso que allò és una metàfora meravellosa del món d'on vinc, fallit i derrotat.

* * *

Un dia l'Alessandra em va dur a visitar un professor de literatura espanyola, convalescent d'una malaltia, que tenia un notable ascendent sobre un petit grup d'elegits. Era una relació d'aquelles tan cinematogràfiques, i amb l'afegit que el mestre cau malalt i els deixebles l'envolten al llit per escoltar les seves paraules turmentades. El fet és que mai he estat de colles i molt menys de deixar-me influir per individus carismàtics, no perquè siguin mals referents sinó perquè per inèrcia m'allunyo d'ells. Les relacions de dependència/submissió intel·lectual em resulten incòmodes. Però aquell home em queia bé, era un bon professor i hi vaig anar. De fet va ser per ell que vaig perpetrar el meu primer i únic robatori –frustrat– a la vida. Aquell professor temps enrere m'havia descobert Valle-Inclán. Tan fascinat estava amb aquesta lectura que una tarda de dissabte vaig entrar a El Corte Inglés de Maria Cristina, vaig anar directe a la secció de llibres i sense dubtar-ho vaig agafar les tres novel·les de les guerres carlistes de Valle-Inclán. Per dissimular, vaig encarar la sortida fent cara de despistat mentre llegia un dels volums. La banda magnètica que duien les etiquetes dels llibres va fer saltar l'alarma, i el vigilant em va demanar si portava alguna cosa que no hagués pagat. Vaig respondre que només duia aquells llibres. El guàrdia no entenia per què sonava l'alarma de les barreres detectores, si jo només carregava aquells llibres: no es plantejava que algú robés unes novel·les, i menys un gamarús de catorze anys. Quan els fets van acabar de caure pel seu propi pes, el guàrdia em va portar a una petita oficina que servia de dependències de l'equip de seguretat. Aquella sala em va causar una paüra que no oblidaré, era l'escenari per a un interrogatori de clatellada va, clatellada ve. Una mena d'intendent em va demanar el DNI, va apuntar les meves dades personals i després es va adreçar a mi: «Pero, vamos a ver, ¿para qué robas esto? ¿Es para el colegio?». La vergonya que vaig passar m'ha impedit intentar robar mai més res. Encara avui crec que un dia em barraran el pas a tots els Corte Inglés d'Espanya.

La Salle em va aportar els dotze pitjors anys de la meva vida. Pocs refugis tenia en aquell món petit i viciat: fer cua a la cantina per comprar bosses de quicos o els cubs taronja de Clay –amb aquelles monedes de 5 i de 25 pessetes que duien la cara de Franco i l'*aguilucho*–, i, sobretot, llegir. Era feliç llegint a la biblioteca o a classe mentre la resta eren al pati, ningú m'emprenyava.

***

No crec que la lectura sigui per herència familiar. La meva família, amb algunes excepcions, són una excel·lent representació de la burgesia més aviat illetrada, possiblement perquè són hereus d'aquelles fosques dècades en què la cultura i la política comportaven problemes. Els nostres antecedents burgesos de principis del segle XX es van esmerçar a fer país i a educar-se com a senyal de distinció. Del franquisme ençà, la distinció era tenir un veler i un parell de xalets. La meva dèria lectora no és fruit de l'atzar sinó del millor ensenyament que he rebut: el que vaig tenir al parvulari Pedralbes.

On hi havia el parvulari Pedralbes, a l'avinguda Pearson, ara hi ha la residència del cònsol rus. L'avinguda Pearson va ser batejada el 1916 amb el nom de l'enginyer i empresari Frederick Pearson un any després de la seva mort i en el mateix ple municipal en què es va introduir al nomenclàtor el carrer on jo vaig néixer, el del Doctor Carulla. L'edifici del parvulari no era una torre d'estiueig, és una construcció d'estil basc del 1931, segons el cadastre. A Google, el primer que es troba del parvulari Pedralbes és una entrevista de Mario Vargas Llosa a *La Vanguardia* en què explica que hi va portar els seus fills. Això era als anys setanta; una dècada després hi vaig anar jo. Vargas Llosa també explicava que els seus fills van aprendre català al parvulari. Era veritat: l'ensenyament era eminentment en català, un català que no he sentit mai més, perquè m'amoixava l'ànim, em feia estimar. No ho sé descriure millor. A diferència de La Salle, recordo vivament la il·lusió que em generava anar al parvulari: pujar per la rampa que acabava al pati principal, davant les escales, entre quatre columnes, on la directora, la Montserrat, saludava els nens un per un. La Montserrat era una senyora alta, de cabells grisos i blancs, i amb un somriure expansiu. Era una persona extraordinàriament dolça. Superada la carícia de la Montse, era obligatori grimpar sobre l'os de peluix gegant que hi havia exposat a la sala de recepció de l'antiga mansió.

Conservo memòries del parvulari que encara em fan vibrar. El berenar de pa amb xocolata; les natilles casolanes amb canyella per postres; com em deixava caure pel tobogan i com vaig descobrir, als peus d'aquest, que les pedres no eren per menjar. Els lavabos eren a l'aire lliure, de fusta pintada de color verd i ceràmica blanca. La Teresa ens racionava el paper de vàter, un paper aspre que no absorbia i per culpa del qual sempre portàvem el cul brut –ens el gratàvem tots. Només tinc present una professora del parvulari Pedralbes: la Teresa. És una de les persones més importants de la meva vida. És qui em va ensenyar a llegir i a escriure en castellà. Amb quatre anys probablement ja llegia millor que molts dels nens que dos anys després em trobaria a La Salle. Tenia una cal·ligrafia remarcable i devorava novel·les i còmics. No vaig ser l'únic del parvulari Pedralbes que va anar a parar després a La Salle: tots menys jo van ser excel·lents alumnes –i excel·lents persones.

El parvulari Pedralbes era un entorn selecte i femení: la Montse, la Teresa i les àvies, o la meva mare, que em recollia en un Panda vermell. Sempre ens quedàvem clavats als embussos de les escoles de la Reina Elisenda i la Bonanova, però m'era igual. Són els únics moments familiars plenament harmoniosos, els únics anys sense ansietat que he viscut. La Montse es diu Montserrat Leita

Graell i quan escric això té noranta-dos anys. Ho vaig saber recentment gràcies a l'escriptora Milena Busquets, que també va ser alumna del parvulari Pedralbes. Ho va explicar el 2014 a *La Vanguardia* i abans al seu blog, el 2011, en una sèrie de respostes a lectors: «Els nens de la *gauche divine* vam ser educats al parvulari Pedralbes i amb cangurs. No érem presents als *saraos* si no és que aquests es feien a casa nostra i no ens havien enviat a algun altre lloc. [...] Vaig anar al Munner i al parvulari Pedralbes. És una llarga història de nens rics i pares sense gaires ganes d'ocupar-se'n. Al parvulari Pedralbes hi anàvem els caps de setmana (i abans del Munner, també durant la setmana). Allà hi havia els nens de Johan Cruyff, de Vargas Llosa, etcètera. M'aterria dormir-hi, malgrat que era una torre meravellosa a l'avinguda Pearson. Però bé, han passat mil segles des de tot allò. Continuo en contacte amb la directora, una dona meravellosa, Montserrat Leita. Era un lloc molt bonic, hi tocaven el piano, hi havia un gran jardí, però la part de dalt i els dormitoris feien por».

La Milena és escriptora i per mi és una icona de la *postgauche divine*. Si bé ella i jo podem pensar i actuar de formes similars –les formes de la progressia de casa bona– i procedim del mateix àmbit geogràfic –el gueto de Sarrià i les Tres Torres–, tenim estructures vitals diferents: ella és hereva de família d'intel·lectuals i jo soc part de les últimes espurnes d'un llinatge d'industrial en el qual no hi havia espai per a la cultura. Abans que la Milena, vaig conèixer el seu germà. Ell és músic –per reblar el clau de l'entorn cultivat d'on provenen. Són fills de l'escriptora Esther Tusquets i van ser deixebles del Liceu Francès. «Al Liceu Francès era la rara. Pigada, esquerrana, sense batejar, amb pares separats que es banyaven en pilotes a Cadaqués i algun cop van votar comunista; la que tenia una mare que parlava de lesbianisme», recordava la Milena el 2015 a *La Vanguardia.*

El parvulari Pedralbes era un punt de trobada entre les elits progressistes i les conservadores de la zona alta de Barcelona. D'aquestes places on es coincidia, avui n'hi ha poques: les reunions familiars, els àpats al restaurant Il Giardinetto, alguna revetlla d'amics comuns i poca cosa més. Són branques del mateix arbre però separades pels respectius posicionaments davant la vida: el *pijoprogre* i el *pijoloco* saben de l'existència de l'un i l'altre, amb els mateixos privilegis i gust refinat –a Cadaqués estiuegen antics militants de Bandera Roja i empresaris amb helicòpter privat, que poden coincidir un migdia a la mateixa barca–, però evolucionen per vessants diferents. Segurament si no fos perquè vaig fer-me periodista i escriptor, no hauria tractat mai gent com la Milena i m'hauria cenyit als coneguts del Polo.

Hi ha un pintor que s'ha especialitzat a captar l'ànima de les dues branques a partir de retrats. És Gonzalo Goytisolo, fill de l'escriptor Luis Goytisolo. En Gonzalo té un parlar dolç, d'esses molt sonores. És un artista meravellós i és producte, com la Milena, d'un entorn privilegiat, cim de la intel·lectualitat. Du una barba deixada i frondosa que el fa semblar més vell del que és. També li serveix per camuflar la seva aparença de casa bona. Fa uns anys em van presentar a l'Empordà l'hereu d'una gran família de constructors que té el cos generosament tatuat i que també dissimula la seva arrel d'elit burgesa amb una barba encara més llarga que la de Gonzalo Goytisolo. Em va fer pensar en ell. Aquest personatge parla en un castellà de *pijo* de barra de discoteca, està afònic a perpetuïtat i observa amb una mirada desmenjada, de qui les ha fet com una casa de pagès. Viu a Tailàndia, crec, amb la dona i un fill adoptat, on ha invertit uns calés en un camp d'agricultura sostenible.

Gonzalo Goytisolo ha dit que els retrats que pinta són per a la seva subsistència i per finançar altres projectes artístics més arriscats i alhora agraïts per a la seva creativitat. Per ell els retrats són una feina de «mercenariat» que va començar amb l'encàrrec de la muller d'un gran empresari. A partir d'allò es va construir una carrera de retratista que va culminar el 2017 en una retrospectiva a la Fundació Vila Casas. Durant la visita a la mostra vaig tenir la certesa que estava contemplant les pintures rupestres d'una cultura desapareguda. Hi eren tots, progressistes, espanyolistes, pals de paller, esbojarrats i polítics de l'ordre: Ricard Fornesa, els Goytisolo en bloc, Carme Balcells, Alberto Fernández Díaz, Josep Vilarasau; famílies nombroses amb els nens vestits amb uniforme d'estiu, en salons elegants davant de finestrals per on s'entreveuen jardins amb piscina.

El professor de literatura espanyola Fernando Valls explicava el 2008 al seu blog com va conèixer Goytisolo: «Vaig conèixer en Gonzalo (Barcelona, 1966) quan era un adolescent que començava a pintar, en companyia de la seva mare, María Antonia Gil Moreno, al carrer Balmes, al mític pis on els components de l'anomenat *boom* hispanoamericà es van ajuntar per última vegada en una nit de Cap d'Any, segons el relat de José Donoso a la seva *Història personal del boom*».

No conec cap Gonzalo de barriada; en tinc presents cinc, i tots cinc són de casa bona. Gonzalo Goytisolo destil·la ordre per part de pare i per part de mare. Aquesta cita és de la Wikipedia:

> José María Gil-Moreno de Mora y de Torres [oncle d'en Gonzalo] es va ocupar de la finca del castell de Riudabella, al costat del monestir de Poblet, i de les indústries químiques [de la família], però la seva afició eren els esmalts; en va fer exposicions a París i Barcelona. La seva germana María Antonia [mare d'en Gonzalo] es va casar amb l'escriptor Luis Goytisolo [...] A aquesta branca pertany el malaguanyat corresponsal de guerra Miguel Gil

Moreno, així com Isabel Gil-Moreno de Mora, «la niña Isabel» del poema de Jaime Gil de Biedma. Isabel va ser una de les «imprescindibles» de la *gauche divine* barcelonina dels anys seixanta i setanta. Isabel Gil-Moreno de Mora va ser dissenyadora de joies, amiga de la gran fotògrafa Colita i l'únic amor heterosexual de Jaime Gil de Biedma. José María Gil-Moreno de Mora y de Torres va tenir [com a fill] Pedro Gil-Moreno de Mora i Martínez-Gil (1955) [cosí d'en Gonzalo], que ostenta actualment la propietat, l'administració i l'explotació agrícola i hotelera del castell de Riudabella; [el seu altre fill] Fernando (1956, conegut com Búfalo Gil) és pilot professional, i, entre altres coses, ha participat onze vegades al Ral·li Dakar, uns cops en moto, d'altres en cotxe i, finalment, d'altres en camió.

Sobre Gil Moreno de Mora, el tiet de Gonzalo Goytisolo, i sobre les finques de Riudabella, *El País* va publicar el 2013 un article remarcable:

Pedro Gil Moreno de Mora, fill d'aquella dona de caràcter, és qui rep al castell de Riudabella a tothom qui vulgui menjar una calçotada (mínim quatre persones i 45 euros per cap), o viure un cap de setmana com un noble medieval amb jacuzzi (800 euros, dues persones). El castell ha anat passant de pares a fills des que un banquer de la família el va adquirir en subhasta pública pels volts del 1841. Nobles navegants i naviliers, enginyers o empresaris, amants de

> l'art, amics de Sorolla... Fins a caure a les mans d'un exesportista professional [Gil Moreno de Mora] i la seva dona, Martina, una farmacèutica alemanya. Són els habitants del castell avui, juntament amb el seu fill petit. I, com tants altres descendents de la noblesa espanyola, han trobat la fórmula per rendibilitzar-los. Comparteixen el seu patrimoni i la seva història. La directora de la Fundació Cases Històriques d'Espanya, Ana Yáñez, parla de «tendència». Però Gil ho resumeix amb més sorna: «Les pedres no te les pots emportar a Suïssa».

La connexió entre les files progressistes de casa bona i l'aristocràcia que sobreviu amb els parracs de l'avi, que cria pèl a la sala de bridge del Polo o al Círculo Ecuestre, és molt pròpia de l'ordre barceloní. En són pocs però és un fenomen superlatiu d'aquest món.

Els tres germans Goytisolo escriptors eren fills d'un executiu de la indústria química. D'origen basc, la família es va instal·lar a Barcelona a mitjan segle XIX després de fer fortuna a Cuba, també amb l'esclavisme. Van viure en dues nobles residències de les Tres Torres i de Sant Gervasi. Van estudiar als jesuïtes de Sarrià i a La Salle Bonanova. José Agustín, el germà gran i el més influent, oncle d'en Gonzalo, quedava amb els companys del seu equip de futbol al bar Mestres, a tocar del domicili on vaig néixer i viure fins als divuit anys. Al bar Mestres encara s'hi mostren trofeus guanyats pel seu equip, l'Atlètic Tres Torres, a la dècada dels quaranta. Joan Reventós, líder socialista, sarrianenc i amic íntim d'en José Agustín, enumerava en un obituari del 1999 a *La Vanguardia,* amb motiu del suïcidi del poeta, alguns dels noms que jugaven en aquell equip de futbol: «Més enllà del col·legi [tots dos eren alumnes dels jesuïtes i tots dos en van ser expulsats], es va mantenir la nostra relació participant en un club de futbol de barri, l'Atlètic Tres Torres, anomenat "els canaris" pel color groc de la samarreta. En aquest hi jugaven els germans Germán i Carlos Plaza, de l'editorial del seu nom; J. Corbino, fill de la lletera de la Via Augusta; J. Bosacoma, company de facultat, i els germans Barbarà, fills del lampista del barri i cantants a les òperes que escenificava el club júnior. Els partits a les barriades perifèriques de Barcelona van fer que tots dos prenguéssim consciència de les desigualtats socials de la ciutat».

Casa meva era al carrer Doctor Carulla, entre Pau Alcover –on residien els Goytisolo– i Vergós, on hi ha el Mestres. Era un bar que em semblava infecte i fosc. De petit, quan hi passava pel davant, em feia accelerar el pas. No vaig gosar entrar-hi fins ben adult. No hi ha res que destaqui del Mestres més enllà de l'aura literària-intel·lectual dels joves Goytisolo i Reventós. Només per això ja era un racó mític en un barri on no hi passa res i on no hi ha res excepte l'absolut silenci d'un oasi de benestar enmig de la ciutat.

En José Agustín volia fugir d'aquest oasi. El 1999, any de la seva mort, Enrique Vila-Matas va escriure això a *El País*: «Diu Juan Goytisolo que ell sempre ha mirat de fer-se el mort. De José Agustín, el germà mort, no en vol parlar. No va assistir a l'enterrament perquè –tal com ha contat a Miguel Dalmau a *Los Goytisolo*–, des del 64, quan van morir el seu pare i el seu avi amb pocs mesos de diferència, es va prometre no tornar a veure l'horrible panteó familiar de Montjuïc, que és una còpia pretensiosa i repolida del Duomo de Milà i, a més, simbolitza tot l'horror de la classe burgesa i explotadora en què va néixer».

Asun Carandell, germana del periodista Luis Carandell i dona de José Agustín, escrivia això: «Vaig conèixer en José Agustín quan ell tenia setze anys i jo tretze, en una processó de Corpus Christi del col·legi dels Germans de La Salle, a Barcelona. Caminava amb un ciri encès al costat del meu germà; passant per on era jo, li va dir: "Mira, Luis, quina nena tan mona", i el meu germà va contestar: "És la meva germana, és tonta". Ells dos ja havien congeniat: s'escapaven de les classes que no els agradaven, reconeixien els bons professors, llegien apassionadament *El Quixot* i escrivien cartes imitant-lo. En *Goyti*, així li dèiem, venia molt a jugar a futbol al pati de casa meva. Jo, quan venien els nois, em tancava a la meva habitació, si no és que tenia la professora de piano o d'alemany. En José Agustín sempre em mirava o abaixava el cap quan jo apareixia. Els diumenges assajàvem alguna obra de teatre, dirigits per la meva mare, en un escenari que hi havia a casa i que tenia fins i tot una màquina per simular ventades».

Els infants sempre troben espais per evadir-se. A les Tres Torres dic que no hi succeeix res en el sentit que la seva vida pública, el que passa de cara al carrer, és irrellevant. Però per a una criatura això no és important. A Vergós, davant del bar Mestres, hi havia una productora de cinema on podies xafardejar l'anada i tornada de les càmeres, dels tècnics amb els seus cables; ara hi ha un gimnàs DiR. El mercat de les Tres Torres és allà mateix, petit i discret, amb les olors de les peixateries que es mesclaven amb les dels detergents de la drogueria, i aquestes flaires barrejades t'acompanyaven si compraves dolços o còmics de Bruguera o d'Ediciones B al quiosc que hi ha a l'entrada del carrer de les Escoles Pies. Una mica més amunt ens perdíem amb el meu germà pels passadissos de plantes i cactus, i per l'hivernacle d'orquídies i ficus enormes de Jarclos, la jardineria del barri. També hi havia la casa de l'escultor Clarà, un lloc màgic. Quan hi passava per davant, m'agafava dels barrots que envoltaven els jardins de la torre, durant anys abandonats, coberts per una selva de matolls i d'herbes que pujaven amunt fins al cel. Gats i coloms eren els senyors de la casa, i jugava a identificar-los entre el verd, quan bevien de la font central o s'arrepenjaven en les escultures, que des de la bardissa et miraven com hipnotitzades. La casa de Clarà és avui una petita i bonica biblioteca de districte.

Hi havia la lleteria del carrer Calatrava, número 28-30, que regentava un matrimoni de vells andalusos. La nau, estreta, d'una planta i envoltada de blocs d'apartaments, encara hi és. Juraria haver arribat a veure-hi les vaques estabulades, de ben petit, molt abans del dia –aquest sí que el recordo perfectament– que van portar a casa el primer televisor en color. Des de les grans vidrieres del saló, on hi havia el televisor, observava els patis interiors de la lleteria, dels veïns i de l'hotel Hesperia, al carrer Calatrava, allà on es van amotinar els jugadors del Barça el 1988.

L'espai més curiós d'aquest petit món de la infància era el camí del cementiri de Sarrià. Era una pista de terra, estreta i delimitada per murs, de mig quilòmetre i minada per tifes de gos. Els quissos són un component obligat en moltes famílies benestants, i com més elevat és el pedigrí, més prestigi sembla voler projectar el propietari. Probablement, també com més espai ocupa l'animal, més gran és el trauma emocional que vols mirar de solucionar amb ell. La qüestió és que llavors no hi havia ningú que recollís les tifes de les mascotes, jo tampoc, quan hi duia la Dana, una gossa petanera que teníem i que va viure fins als divuit anys. Quina pudor de merda seca de gos que feia aquell corriol entre murs! El camí desembocava en una placeta abandonada que era l'indret predilecte per a tota mena de vicis nocturns. El més curiós és que tot just en aquell punt exacte de Pau Alcover, quaranta anys abans, s'hi alçava la torre dels Goytisolo.

Les Tres Torres podien ser tan emocionants com un volgués, la qüestió era posar-hi voluntat. Francesc Montseny hi va viure molts anys i n'hi va posar molta, de voluntat. Va ser fundador de l'Universal, el mític club nocturn del Galvany, juntament amb una colla de personatges cultes i refinats com el dissenyador Claret Serrahima i el fotògraf Toni Riera, famós per haver creat la imatge de les discoteques Pacha. Riera, com Carlos Martorell, és un nom cabdal en la creació de la màquina de cagar diners que és Eivissa. Els socis de l'Universal eren veïns de la zona noble de la ciutat. Montseny era de Balaguer, però vivia i treballava a les Tres Torres: era director de l'oficina de La Caixa a la plaça de Joaquim Pena. Les Tres Torres queden dividides per la Via Augusta; jo vaig néixer i viure a la part que toca amb Sant Gervasi; Montseny vivia a la part que toca a Sarrià. Quan vaig fer els divuit anys, la meva família es va traslladar de l'ala nord de les Tres Torres a l'ala sud, a dos-cents metres d'on vivia i treballava Montseny. Conec amb detall l'espai urbà i anodí que descriu Montseny a les seves memòries *Barcelona, la ciutat entusiasmada*. Per això em va fer il·lusió comprovar que, quinze anys abans que un servidor, hi havia una colla de joves que miraven de trencar la mediocritat del barri, i ho feien arrapant-se als intel·lectuals i éssers més neguitosos que hi voltaven com aus nocturnes i esquívoles. Montseny explica els seus sopars i les copes al Pennsylvania, el bar del carrer Castellnou on he fet molts menús de migdia:

> Tots ens trobàvem en aquell bar. Al Pensil, que n'hi dèiem. Era un local no gaire gran amb una barra amb angle des del pilar al racó on hi havia la planxa. A la barra n'hi cabien uns vuit de costat. A la paret contrària hi havia un banc on s'hi podien encabir cinc o sis. I a la resta s'hi distribuïen cinc o sis tauletes, algunes vora les vidrieres que miraven al carrer on quatre taules feien de terrassa sota els arbres.
>
> Temps enrere, quan tot allò era un erm, abans que s'inflés de construccions, aquell local era una barra americana als afores de la ciutat, entre Sarrià i Barcelona. El negoci el portava una madame que, quan els temps van canviar, se'l va traspassar perquè tingués la forma que tenia ara: un bar d'entrepans, de plats combinats i alguna copa [...] Ens hi trobàvem bé perquè els *bocates* eren bons i els bistecs que l'Elies, l'amo, es cuidava d'anar a buscar a Breda, eren insuperables. A més, era encarat al sud i la llum que entrava després de travessar els arbrets del davant el feia acollidor. Senzillament, una bona cantonada que compartíem amb una altra fauna, tota una altra colla ben diferent de nosaltres: jaquetes encreuades amb botons brillants, fixador als

cabells, rellotges d'or (de debò?) als canells que contínuament s'havien de tornar a posar a lloc amb un gest de la mà a mitja alçada, per si no els havies vist prou. La conversa monotemàtica d'aquells era sempre sobre uns negocis i uns calés que en realitat no tenien. Un bon nombre d'ells encara vivia a casa de la mama i n'hi havia un que ja a l'hora d'esmorzar, quan jo aprofitava el meu torn amb els companys d'oficina, em deia amb una copa de cava a la mà, entre partida i partida a la màquina: «Mira, Ces, yo a veces hasta tomo café con los obreros» [...] Quan dic poesia em refereixo a la que recitava el Jaume [Vallcorba, l'editor], i a la «Canción del Pirata» que cantava el Pana després del tercer cubata, i encara em refereixo molt més a la presència calladament intempestiva de Joan Vinyoli quan, molts vespres i sobretot a l'estiu, sortia de casa seva al carrer Castellnou i venia al bar.

Hi havia aleshores, als setanta i als vuitanta, una connexió genuïna entre la intel·lectualitat benestant progressista i els seus veïns intel·lectuals catalanistes. José Agustín Goytisolo lloava Foix amb sinceritat i admiració, de la mateixa manera que una de les primeres festes a l'Universal la va beneir el poeta i pastisser de Sarrià. Això sobtarà molts lectors de quaranta anys cap avall, però l'Universal, a banda d'haver estat sempre un club per fer la prèvia abans d'anar a l'Otto Zutz o a la misèria discotequera de Tuset i Aribau –herència de Bocaccio–, va ser un lloc destacat on canalitzar l'energia creativa i postmoderna de la Barcelona dels vuitanta. Com tot, amb els Jocs Olímpics la creativitat se'n va anar en orris i l'Universal va continuar sent un cau de *pijos* –inclòs un servidor–, però sense cap voluntat creadora o transgressora. Ben entrats al segle XXI, els carrers d'Aribau, Tuset, la zona del Galvany i l'Otto Zutz ja han obert les portes a tota mena de públic, del Llobregat al Besòs; els Gonzalos hi passen potser un cop l'any, deixant barra lliure la resta de l'any a oients de la Cadena Cien i visitants de la perifèria metropolitana. No s'hi pot fer res, d'això tracta la democràcia de mercat. La reacció, com em va apuntar la Margarita Puig en aquella entrevista a *El País*, ha estat que les elits encara fan més la seva de portes endins.

Encara més greu, també s'ha perdut la connexió entre l'intel·lectual *pijoprogre* i l'intel·lectual catalanista d'esperit botiguer; Foix ajuntant-se amb Gil de Biedma, per posar-ne un exemple. En això, malauradament, hi té a veure la política. El món postconvergent independentista no anirà a les *soirées* del Giardinetto, de la mateixa manera que la colla de les Giardinetto Sessions no serà convidada a un recital de poemes a casa dels Carulla: s'han distanciat com si un catamarà es partís en dos i els dos bucs s'enfonsessin perquè la vela, enmig, s'ha fet bocins. La vela era la convicció de formar part d'una mateixa comunitat.

Gitanes

En J. es va criar en una família de prestigiosos metges. A diferència d'altres compatriotes, ell era a Berlín perquè tenia una feina de debò, en una multinacional d'automoció. Compartia pis amb un universitari extraordinàriament mandrós que només sortia de la seva habitació per comprar marihuana. Jo vaig compartir pis els dos primers mesos a la ciutat amb un alemany igual de penques i amb un gadità.

El nostre apartament era un niu de brutícia al barri de Kreuzberg, a la Wrangelstraße. El compartíem amb el llogater oficial, el jove alemany abans esmentat, que duia un bigoti d'Errol Flynn i que era tan porc com bell. L'edifici queia a trossos –el 2015 hi vaig tornar i el manteniment encara era pitjor. A la cantonada amb el carrer Falckenstein hi tenien la seva «oficina» dos camells; una mica més enllà hi ha una famosa gelateria turca que era l'alegria d'un barri d'existència contundent. A cent metres, una parròquia atenia els sense sostre, la gran majoria alemanys. Un dia em va saltar el cor en veure un home amb una bossa de pals de golf practicant el seu *swing* mentre esperava que obrissin el menjador. Era una lliçó pràctica d'un dels punts dèbils de la civilització protestant: les famílies no preserven la unitat de clan tan mediterrània, sovint manca el coixí familiar quan venen mal dades. Per això és difícil, per exemple, trobar un turc demanant caritat a Berlín, perquè sempre hi haurà algun familiar que doni aixopluc al necessitat.

Amb l'amic gaditá passàvem hores amb unes cerveses i els seus porros xerrant sobre amors i desencisos, amb els peus en remull al riu Spree o en zones verdes interminables. Amb en J. compràvem una xocolata farcida de bolets al·lucinògens. Era un producte embolicat com si fos un Crunch, que venien en una botiga de cultiu de marihuana al barri de Prenzlauer Berg –el paral·lel berlinès de Gràcia. Amb el Crunch màgic vam passar un vespre espectacular al parc Treptow. Guimbant per la gespa, sense deixar de riure per cap motiu concret, col·locats entre els marbres soviètics que hi ha al parc, amb versos de Stalin i la famosa estàtua colossal del soldat roig partint una esvàstica amb una espasa. Tenia fred i el gaditá em va deixar una pellissa que duia, una mena de ponxo de llana i guarniments; es va quedar penjat observant-me fins que va aconseguir expressar el que meditava: «¡Pareces Aznar en los Andes!». *Aznar en los Andes*, aquesta és la fila que feia aleshores: la d'un missioner dels Legionaris de Crist en unes mines bolivianes.

Aquell viatge psicodèlic entre esteles comunistes, famílies turques reunides al voltant dels seus pícnics i alemanys més moderns que tots els moderns de Barcelona junts, tenia els seus precedents, precedents que beuen de la curiositat de la gent d'ordre que sempre he mirat de cercar. Persones com en Miguel, un noi de pares valencians, company d'hoquei que volia ser torero i que fins i tot havia organitzat una *novillada* al camp de salts de cavalls del Polo. En Miguel ens portava a la Monumental i amb ell vaig descobrir l'art i el simbolisme que hi ha entorn de la mort del brau. Finalment va abandonar el toreig i ara viu a València, cultivant uns tarongers que va heretar. Amb en Miguel vaig experimentar la meva primera borratxera, amb 14 anys, a la bodega del Gitanes, un club musical a General Mitre que era propietat dels seus germans.

La meva primera adolescència, com la de molts dels meus companys de generació i d'ordre, tenia els seus temples de tarda: l'Up&Down, el Jimmy's i el Gitanes. Abans del Gitanes trèiem el cap pel Bodeguín, un bar a Sant Gervasi dalt d'un petit turó que és una mena de laberint napolità, un vigia avançat de la serra de Collserola. El Bodeguín era una tasca per a protoalcohòlics adolescents que es gastaven la setmanada jugant al duro amb gots plens de clara. Després, ben contents, fèiem via cap al Gitanes. Com que quan arribàvem a la sala ja havia acabat l'horari infantil i tocava el postadolescent, els germans d'en Miguel ens amagaven al rebost, sols amb un munt de caixes amb licors de tota mena. El desenllaç era inevitable.

Amb en Miguel vaig participar en situacions que per a un jove són definitòries. Hi va haver una matinada que em va fer pujar al Volkswagen Golf d'un amic seu, i va recórrer tot Ganduxer contra direcció amb sis passatgers. Quan vam arribar a la Bonanova vaig suplicar, atacat pel pànic, que s'aturés, que volia baixar. Eren anys de descobriments, de replicar l'edat adulta. Els diumenges, en havent dinat, amb l'Ernesto baixàvem junts a l'Alberto, un restaurant del carrer Ganduxer, i compràvem dos Montecristo del número 5. Ens els fumàvem en algun parc, o a Collserola, mentre xiulàvem la banda sonora d'*El Padrí*.

En Miguel i en Fernando em van dur una tarda, després de l'escola, a casa d'una companya seva del col·legi, el Sagrados Carazones, a comprar haixix. La noia vivia a Vallcarca. Amb quinze anys que jo tenia, aquell barri i tot el que s'estenia per Collserola de l'avinguda del Tibidabo al Besòs m'era completament desconegut, i tan enigmàtic com un viatge a Xinjiang. Uns carrers costeruts, tan diferents de la mètrica de les Tres Torres, i una humanitat que em semblava exòtica de tan real que era; com quan el pare ens duia a mi i al meu germà de petits a fer un frankfurt a la plaça de Sant Jaume. Semblen fets trivials i ridículs, propis de persones tancades en una bombolla de colors que flota entre els plats bruts de la pica, i és cert, són fets trivials, però ho són com la resta de moments reveladors que tothom té. L'amiga d'en Miguel vivia en un apartament desordenat i ple de teles de colors. Va proveir-nos amb la droga i de pas ens va voler ensenyar la caixa amb consoladors que tenia la seva mare amagada sota el llit. La noia era prima, bufona i espavilada. Ho tenia tot perquè m'hi enganxés, però jo estava massa aclaparat per a tant d'atreviment.

Eren anys en què els descobriments sexuals es feien brutament. Amb catorze anys, a casa d'en Miguel, una tarda d'avorriment algú va posar una pel·lícula pornogràfica. No coneixia ningú dels assistents excepte en Miguel i algun altre col·lega del Polo. En Miguel va proposar de cascar-nos-la plegats, i així ho vam fer. La situació no em va excitar en absolut, però em va reconfortar perquè em va fer veure que les meves necessitats eren compartides. També trobava interessant, en la meva addicció per aquest teatre que és la vida, que set marrecs es masturbessin en un pis noble amb vistes al Turó Park: a baix hi havia la pastisseria Baixas i les seves clientes d'abric de pell i famílies ideals; dos pisos més amunt, la joventut que hi compraria les neules de Nadal vint anys més tard.

Baixas ha tancat i l'ha substituït un MacxiPan, que és una fleca d'una cadena industrial. Al davant hi ha una botiga de pernils Enrique Tomás. Pocs detalls exemplifiquen millor la desfeta de l'ordre que aquest canvi comercial a la plaça de Sant Gregori Taumaturg.

* * *

El Sagrados Corazones s'ubica al passeig de la Reina Elisenda, davant del consolat dels Estats Units. Els seus alumnes, malgrat la posició privilegiada que té, no em semblaven tan cretins com els de La Salle. Al cap i a la fi potser tot el que no és nostre ens agrada: la meva parella va ser alumna dels *corazonistas* i els brètols de torn es reien d'ella perquè duia un aparell ortopèdic per a l'esquena i perquè té trets asiàtics: li deien «la china», perquè és filla de mare filipina. L'adolescència és una merda d'edat en què el millor que podria fer el Govern és subsidiar els nois i noies per passar cinc anys de reclusió en camps juvenils de treball, perquè desapareguessin de la vida civil durant aquest temps i tornessin més normals. Jo estaria encantat de pagar un impost per a tal finalitat. Però, malgrat tot, als Sagrados Corazones hi detectava una rebel·lia i un gamberrisme que m'acomplexava. Els trobava més valents i més curiosos davant la vida. La curiositat és el desllorigador, la solució per viure en el món de l'ordre sense tornar-se un cretí. És allò que va escriure Joan Miró: «Per fer alguna cosa al món s'ha de sentir amor al risc i a l'aventura i, sobretot, saber prescindir d'allò que el poble i les famílies burgeses anomenen "l'avenir"».

Quan tenia disset anys, el meu millor amic, en Leandro, em va proposar de passar l'estiu cooperant en una missió dels claretians a l'Amazones. Com que era menor i necessitava autorització i diners per finançar el bitllet, la qüestió va passar a ser una decisió del meu pare. L'assumpte va ser ventilat en una reunió d'una hora entre el meu pare, els pares d'en Leandro i el missioner claretià que seria responsable de nosaltres. El meu pare va considerar que la meva seguretat no estava garantida: ningú li oferia la certesa que el seu fill no seria segrestat, i els seus òrgans, venuts al mercat negre. Dos mesos després vaig anar a l'aeroport a donar la benvinguda a en Leandro. Va tornar amb unes grenyes i un bigoti d'extra a *Aguirre, la cólera de Dios* –i amb tots els òrgans intactes. Va sortir per la porta de la recollida de maletes amb una espasa de fusta, guarnida amb plomes d'au, a la mà. Me la va regalar. Anys més tard la vaig cedir a la meva germana petita, com si fos un amulet perquè tingués present, ni que fos inconscientment, les paraules de Joan Miró.

El meu pare sí que m'havia finançat, l'any anterior, unes colònies al Canadà. D'aquell estiu conservo alguns coneguts de molt d'ordre: dos fills de ministres saudites

–un es dedica a pilotar cotxes de carreres i helicòpters; l'altre és polític–, un alemany que té una escola d'arts marcials a Hawaii i un mexicà que ha estat president de la federació d'hoquei gel del seu país. El saudita que ara és polític va amagar-me sota el coixí un ratpenat que havia caçat amb una escopeta d'aire comprimit. L'endemà em vaig llevar alarmat en veure la sang al llençol, i l'ensurt encara va ser més gran quan vaig descobrir l'animal.

L'ambient allà era excel·lent per fer amistats amb pedigrí. Enviar les criatures un mes d'estiu a l'estranger és el pa nostre de cada dia per al món de l'ordre. Les excuses són aprendre idiomes, conèixer món, espavilar els nens, i sobretot perdre'ls de vista durant un temps. La gent normal, la que compra al Mercadona o escolta Radio Tele Taxi, aspiren a deixar els fills una setmana en un esplai de Rosa dels Vents. El lector mitjà de *La Vanguardia* pot, amb molt d'esforç, acomiadar la mainada cap a Irlanda. L'ordre apunta al Canadà, als Estats Units o a Suïssa. El Lakefield Camp, a Ontario, on vaig passar aquell estiu canadenc, entre llacs interminables i protomilionaris, continua sent un referent en aquest negociat.

L'estiu que vaig complir divuit anys el vaig passar a Gruyères, Suïssa, estudiant francès en una escola també de jovent adinerat. Jo era un cas diferent, perquè m'ho finançava treballant a la cuina d'un restaurant del poble. Residia a casa d'un empleat de l'empresa distribuïdora dels perfums de la meva família. L'home era un desgraciat de primera, emparellat amb una senyora escandinava tan garrepa com ell, però que almenys m'acompanyava de tant en tant a nedar en un llac que hi havia a prop de la casa. La senyora escandinava, que per edat podria haver estat la meva mare, en aquelles visites aquàtiques era perillosament afectuosa amb mi, i vaig acabar per deixar de banyar-me en companyia seva. Malgrat que la casa tenia quatre habitacions, els seus propietaris em van arraconar en unes golfes plenes d'embalums i de pols; deien que les reservaven per si els visitava la família. Per desplaçar-me a Gruyères, a quinze quilòmetres del nostre domicili, em van deixar una bicicleta de passeig, sense marxes: cada dia havia de recórrer trenta quilòmetres de carretera trencacames, amb un port de segona categoria. Una tarda que plovia a bots i barrals, el senyor de la casa em va avançar per la carretera amb el seu cotxe. En comptes d'aturar-se i estalviar-me els set quilòmetres que encara em quedaven de pallissa, va tocar el clàxon i va continuar.

Els suïssos són gent peculiar. Que siguin una confederació i que no els hagin envaït mai n'és la prova. També és l'únic lloc on he patit xenofòbia. A l'escola d'idiomes, com a espanyol empleat en una cuina, els professors em tractaven com si fos un pollós que era a Suïssa per pervertir la seva comunitat. A la cuina del restaurant Saint George hi treballaven un parell de francesos, dos africans, un serbi, la seva esposa, un andalús i un servidor. El que més tinc present d'aquelles setmanes a Gruyères són les tones de patates que vaig pelar, les cambres frigorífiques que vaig fregar i que el serbi tenia un kalaixnikov sota el llit del seu apartament. El fusell el tenia per vendre, o això em va explicar. Vaig considerar que la decisió més intel·ligent era ser amic seu.

En comptes de fer missions a l'Amazones, vaig viatjar a Irlanda amb unes colònies que La Salle organitzava –i cobrava. En una barriada de Dublín, en un parc anònim i suburbial, La Salle em va reservar una habitació a casa d'una família que com a mínim podem dir que era singular. Les famílies que acullen nens de colònies a l'estranger han de superar uns controls de qualitat; en el cas en qüestió, el test de qualitat va fallar. La mare era una senyora que oficialment era infermera de torn de nit. Per anar a l'hospital vestia faldilla curta, sabates de tacó, es maquillava com un arbre de Nadal i lluïa un escot de vertigen. El marit la portava i la recollia de matinada. L'esmorzar me'l feia jo mentre la família dormia. El fill, de la meva edat, patia alguna mena de discapacitat mental. Era clavat a l'endeví d'Astèrix i Obèlix, fins i tot feia una olor estranya, com d'arengada, com el dolent del còmic. El noi passava la nit amb el pare, mentre esperaven la infermera, fent mosaics religiosos amb vidres de colors.

La poma d'or

Tinc un amic que és el paradigma de la curiositat necessària per ser part de l'ordre i no mudar cap a la imbecil·litat del context. Amb aquest amic vaig experimentar per primer cop amb bolets al·lucinògens. Va ser a Hamburg el setembre del 2001, dues setmanes després dels atemptats de les Torres Bessones. Hamburg és la meva ciutat favorita d'Alemanya. No conec lloc a Europa en què els valors més essencials de la burgesia –la llibertat, l'amplitud de mires i la tradició– determinin tant una societat. Si Hamburg ha tingut un barri roig tan llibertí –ara és un Disneyland per a joves i turistes a la recerca de vici fàcil– és per la tradició burgesa comercial de la capital hanseàtica. Hamburg és el centre del món editorial en alemany, el barri antic –el que en queda malgrat la destrossa de la Segona Guerra Mundial– no és el Raval, és un espai per on circulen homes i dones elegants però sense exageracions, models clàssics de

Porsche i famílies viatjades en missions comercials o aventures culturals. Generacions de famílies sota el paraigua de la mateixa empresa. El llac Alster enmig de tot, com un Central Park de benestar socialdemòcrata-liberal. I la desembocadura del riu Elba, a una banda recorreguda per una interminable cua de mercants, i a l'altra, esquitxada de mansions. La globalització ha deixat milions de cadàvers allà per on ha passat, però no al cor d'Hamburg. Hamburg, en resum, és el que podria haver estat Barcelona.

El meu amic havia comprat uns bolets a Holanda amb els quals va preparar una truita per sopar. L'error va ser de dosi: va cuinar una ració doble de bolets per a cadascú. Relataré els esdeveniments que van desenvolupar-se després de la ingesta de la truita, preparada a la cuina d'un pis d'estudiants, en una taula de fusta que tinc ben present perquè l'endemà va aparèixer plena de forats de cigarretes apagades en un acte de desesperació i angoixa del meu amic davant la meva desaparició.

Vam sortir de casa per escalfar motors en una cocteleria propera. A poc a poc els objectes del local van començar a flotar en la meva ment. Els clients canviaven de colors. Vam sortir del bar quan quedaven pocs minuts perquè perdés l'ús de la raó. Abans, però, vam seure en un banc per intentar recuperar el control. Em pujava massa ràpid. Espaterrat al banc, en el meu cap aquella cantonada de no sé quina avinguda d'Hamburg es va convertir en el tram de l'avinguda Diagonal davant la seu del RACC.

Teníem pressa perquè havíem quedat al barri roig d'Hamburg amb uns companys, però pel camí em vaig perdre. Em recordo cagant al peu d'un arbre, perseguint unes noies amb els pantalons abaixats. Elles reien. Em recordo assegut en una taula d'un McDonalds amb la boca oberta mentre un grup jugava a fer-hi diana amb patates fregides. Em van fer fora d'una discoteca, un proxeneta magribí em va amenaçar amb una navalla perquè em vaig quedar embadalit davant d'una prostituta que duia el pitram enfora. A les nou del matí vaig aconseguir pujar a un taxi i dir el nom de l'estació de metro més propera al pis on dormia. El nom de l'estació va sorgir del meu inconscient –encara avui em meravello que pogués recordar-lo–, perquè es deia Schlump i tenia una proximitat fonètica amb els dibuixos animats japonesos *Doctor Slump*. El meu amic m'esperava despert, assegut a la taula de la cuina, preocupat per haver-me abandonat drogat en un dels districtes més calents d'Alemanya. Vaig pensar que tot havia estat un somni però els meus pantalons, cagats, i la caçadora, saltada de taques de quètxup i mostassa, em revelaven la veritat.

Tres hores més tard agafava l'avió de retorn a Barcelona. L'aeroport estava envaït per un exèrcit de policia, acabaven de detenir a Hamburg Mohammed Atta –el cervell dels atemptats de l'11-S. Continuava tan col·locat que creia que les forces de seguretat em detindrien. L'endemà, amb el cap aclarit, vaig anar a l'església de la plaça Major de Sarrià per donar gràcies al Totpoderós per haver sobreviscut.

Sempre hi ha un esglaó més en el descens cap a l'absurditat de la nostra existència. Aquests fets que relato no són anècdotes gratuïtes per fer més sucosa la lectura, tenen un vincle amb el fil argumental, és a dir, amb la descripció dels habitants del món de l'ordre. Perquè l'existència dels seus ciutadans és tant o més absurda que la de qualsevol altra persona. Disposar de generosos recursos econòmics, tenir satisfetes les necessitats més elementals, empeny l'individu a distreure's amb nimietats. La classe mitjana mou l'economia perquè demana frivolitats que li omplin el temps i el piset amb una sensació artificial de benestar. N'hi ha, però, que no en tenen prou comprant-se una *smart tv* amb les dimensions d'una pista de tennis, o l'últim model de rellotge d'Apple, i és aquí on comença el camí del perill. Un nou-ric pot fer disbarats, i el cinema i la literatura en van plens.

La discreció del ric era una característica de les lleis de l'ordre. Des de ben jove hi ha una història, de tantes que he escoltat o presenciat, que m'ha fet rumiar sobre aquest silenci. No és el relat més truculent que conec, tampoc acaba malament, però és rodó per exposar el costat fosc de la intimitat de persones que de portes enfora són la quinta essència de la civilització. El protagonista era el pare d'un company de la meva edat. En un viatge de negocis a l'Índia va prendre's un descans, una nit després d'una jornada de xafogor i visites a fàbriques, per visitar una casa de travestis. No era un prostíbul de luxe, tot al contrari, era un casalot de mala mort en un barri ple de desgràcies. A l'home el van segrestar. La família no se'n va assabentar perquè va negociar la seva llibertat amb un contacte de l'ambaixada espanyola. Va estar desaparegut uns dies però al final va tornar a casa, a Barcelona, i la família mai va saber la veritat. La desconnexió va ser justificada amb alguna invenció del tipus que va aprofitar per fer una mica de turisme. Era un senyor aventurer, i curiós. La curiositat que ens salva i alhora ens condemna. És la poma d'Adam però d'or, com les que guarden les Hespèrides a l'avinguda de Pedralbes.

Aleshores no hi havia telèfons mòbils, tot succeïa més poc a poc, també el sofriment. Passar per allò en silenci, sol, superar-ho i guardar-t'ho sempre per a tu malgrat que de tant en tant et torni el record mentre piques una croqueta en una terrassa del carrer Mandri: és aquest l'aspecte del món de l'ordre que més em captiva.

Una tifa al Port de la Selva

El dia que arribi el moment de passar comptes amb la vida podré dir que vaig tenir el privilegi de conèixer el nostre «Lobo de Wall Street». És tal la fascinació que sento per ell que en vaig escriure una novel·la, *Ciment armat*. Li direm Constantí, que era el seu nom a la novel·la. En Constantí resideix des de l'esclat de la bombolla immobiliària a l'estranger, en un paradís de sol i cocoters. Els bòlids accidentats que en Constantí va abandonar per l'autopista del totxo són molts, i on avui resideix almenys el deixen sobreviure malgrat els deutes. En Constantí és fill del món de l'ordre; família de l'Opus Dei, és un catòlic fervent. Si sorties de festa amb ell el cap de setmana, fos com fos, diumenge al matí havia d'anar a missa; després podia continuar la gresca. És un personatge de cor tan expansiu com ho eren les seves idees de negoci. Entra en un local i de seguida n'és el rei; convida tothom a copes, balla amb el femellam com un dandi del Hollywood clàssic. Només gaudeix de debò amb sons llatins, salsa principalment. A vegades coincidíem esmorzant a les set del matí al cafè París després d'una nit fent l'ase. El París és un dels bars amb més tradició per acabar les matinades dels nens de casa bona de Barcelona. A tocar del bar hi havia el Selmos, un karaoke freqüentat per velles prostitutes. N'hi havia una, un senyora ja gran, crec que d'origen andalús, que no tenia dents i que coneixia en Constantí d'altres ocasions. Un matí, després de fer un d'aquells famosos entrepans d'ou del París, vam tancar-nos dues hores al Selmos cantant amb la prostituta sense dents. Més endavant hi vaig tornar, però sense en Constantí i sense aquella dona no era el mateix. Fa poc vaig descobrir que el local és propietat de la meva àvia. Sembla que tenia problemes per cobrar el lloguer; ara no sé quin negoci ocupa aquells baixos. Vaig confessar a l'àvia aquells matins d'alcohol i senyores que fumen al Selmos; no s'ho va voler creure.

En Constantí circulava pel món amb cotxes de luxe obtinguts gràcies al seu enginy. Quan teníem vint anys, els més privilegiats conduïen un Golf regalat pels pares; ell portava un BMW esportiu últim model, adquirit gràcies als rèdits de les seves activitats professionals. Amb vint-i-un anys ja havia facturat el seu primer milió d'euros venent apartaments al Vallès. Al país on viu «exiliat» el van segrestar. Va arribar a ser un dels promotors immobiliaris més importants d'aquell racó de món, però els inicis van ser difícils i una empresa de la competència va encarregar que el raptessin. El van tenir unes hores tancat dins el maleter d'un cotxe. Havia de fotre el camp, li exigien el retorn a Espanya per la via ràpida. Ell, en canvi, no es va arronsar i va comprar la protecció de l'exèrcit. El van condecorar, el van nomenar oficial vitalici de les forces armades. A l'aeroport de la capital, per exemple, podia arribar només vint minuts abans de l'enlairament de l'avió i accedir-hi des de la pista, sense passar pels controls que pateixen la resta de mortals. Com a mínim en una ocasió sé que un aparell d'Air France amb destinació París va estar esperant-se que ell acabés una partida de golf.

El meu únic contacte amb el seu món a l'«exili» va sorprendre'm durant una festa de Cap d'Any. Érem a casa d'uns amics fent-la grossa i de matinada van aparèixer dos militars del seu país d'acollida. Petits, rabassuts i vestits d'uniforme, el pedal que portaven era antològic. Arrambaven amb totes les ampolles que trobaven i perseguien les femelles de l'ordre que trobaven pels passadissos de l'apartament on celebràvem l'inici d'un nou any. L'endemà van ser detinguts per la Guàrdia Urbana perquè els van denunciar en un bar per treure una pistola. En Constantí va anar a comissaria amb l'advocat, per tramitar-ne l'alliberament i el retorn a la pàtria.

En situacions d'emergència, si podem escollir, optem pel socors dels qui ens són propers, similars a nosaltres. Per això, d'entre tota la gent que coneixia a Berlín, la matinada que em va desaparèixer el penis vaig optar per en J. Potser tenia amics més íntims, però ell era del meu món. Inconscientment buscava les connexions que ens uneixen sociològicament, volia algú al costat que entengués pel que estava passant. En J. em va observar amb un punt de compassió i sense entendre res, perquè, efectivament, que et desaparegui el penis no és comú ni entre la gent d'ordre ni entre la de desordre: és una puta bogeria. En cinc minuts vam plantar-nos a urgències del Charité, l'hospital de referència a la meva zona. El metge que em va atendre, un nano jove acabat de sortir de la facultat, em va escoltar amb precaució i em va analitzar les parts nobles, que havien tornat al seu lloc. Jo afegia que havia deixat de respirar i que les cames havien deixat de funcionar-me. El metge anava apuntant. Finalment va concloure que jo no tenia res al penis però que havia de visitar urgentment un psiquiatre. Vaig trigar dos anys a fer-li cas, empès per les circumstàncies.

Els meus anys a Berlín em confrontaven amb els meus orígens. El dia que vaig anunciar a la família que fotia el camp va ser en una sobretaula d'un dinar al Port de la Selva. Era un diumenge de primavera, entorn d'una taula gran en una de les cases antigues del poble, a recer de la tramuntana, mur contra mur de l'església. La família que m'acollia va ser la meva família durant molts anys. Fills i nets d'un militar franquista que es va retirar en aquest poble, enamorat i respectuós amb el tarannà d'aquest racó de món malgrat arribar-hi amb els vencedors. Vivia en una casa a tocar del club nàutic, una casa de planta baixa, enorme, amb un jardí d'aquesta gespa dura que punxa la planta dels peus i que és utilitzada en aquesta zona de la Costa Brava perquè resisteix millor la sal i la tramuntana. Vaig tenir l'honor de conèixer la vídua del militar, una dona excepcional i cultivada. Guardo alguna novel·la de la seva biblioteca, firmada amb la seva lletra tremolosa, de persona gran.

El Port de la Selva té figures públiques adoptades i fins i tot estimades. El militar ho era, com també ho han sigut estiuejants il·lustres com el doctor Broggi, el poeta Foix, el patriarca Monegal o Miquel Roca. De Roca sempre es diu que gràcies a ell es va evitar que el poble fos coronat per una circumval·lació que havia d'alleugerir el trànsit del centre urbà. L'oposició de Roca al projecte, diu la llegenda, era perquè la nova carretera lleparia casa seva. La casa de Roca al Port de la Selva no és de cap manera sumptuosa; no és gaire gran però, això sí, excel·lentment ubicada a les altures de la badia. Per a Roca és una propietat preciosa. Maiol Roger explica al llibre *Jordi Pujol, la gran família* com va estar a punt de perdre el seu apartament d'estiueig:

José Antich explica a *El virrey* com se solucionen els deutes de la campanya del Partit Reformista per a les generals del 1986, que havia costat uns 5.000 milions d'euros [*sic*]. Leopoldo Rodés, que ha fet el *mailing*, li truca el dia següent per cobrar. Roca demana temps:

–Ja et pagaré. Si em dius que soc el responsable moral d'això i que ens vas ajudar en la campanya electoral, tinc una petita casa al Port de la Selva que poso a la teva disposició.

Per a desesperació de Roca, Rodés accepta la casa a canvi del deute. S'enfonsa i demana ajuda a Francesc Gordo, que era responsable de finances del partit.

–Se'm queda la casa. Ho vol tot –diu Roca a Gordo. El tresorer ho parla amb Pujol, que és taxatiu: «Que en Miquel estigui tranquil. Jo parlaré amb en Rodés i buscarem una solució. De vendre's casa seva al Port de la Selva, que se n'oblidi».

Un matí vaig poder visualitzar l'ascendent de Roca en el món de l'ordre. Jo passejava per les altituds del poble amb un conegut i el seu gos. Vam aturar-nos a saludar el senyor Roca davant de casa seva; ell es disposava a sortir cap al Nàutic amb la seva moto, per gaudir d'un dia en barca. El gos va aprofitar l'aturada per cagar, i el seu amo, en un rampell d'horror, va baixar corrent, mentre es disculpava amb repetides genuflexions, per tornar a casa i agafar una bossa de plàstic que li servís per recollir l'excrement. Roca li deia que no calia però no va servir de res. Em vaig quedar allà amb el gos, la tifa i el gran patrici. Jo era un adolescent que sabia perfectament qui era en Roca. Trobava la situació absurda, i més que vergonya tenia ganes de riure. Tot plegat s'hauria solucionat demanant a Roca un tou de paper de cuina, però suposo que a Roca no se li podien demanar objectes tan mundans. No vam parlar durant els deu minuts que vam estar allà sols. Roca va esperar la seva tornada amb un posat de persona acostumada a escenes d'aquesta mena.

Feia pocs dies que la xemeneia de la casa del Port de la Selva s'havia apagat. Els dos patis interiors tornaven a utilitzar-se: un amb arbres fruiters, amb tortugues centenàries, la font i una pica de marbre; l'altre pati és una terrassa extensa per acollir dinars multitudinaris amb un racó cobert per si plou, protegit amb cortines de palla lligada. En aquest espai cobert vaig comunicar que marxava a fer les Alemanyes. De seguida es va obrir una juguesca, si tornaria a Barcelona en dos o tres mesos. Al final van ser vuit anys. Aquella juguesca té tot el sentit en el món de l'ordre. No es concep viure fora de Barcelona. Viatjar, tant com vulgueu, però estar lluny de casa és incomprensible: «Com Barcelona no hi ha res» –això inclou l'estiueig a l'Empordà.

* * *

El meu amic Benito va venir a visitar-me a Berlín amb la seva esposa. En Benito té un recorregut genealògic similar al meu: un passat de família industrial que es va perdent fins avui, fins a no quedar-ne res. Entorns socials de conservadorisme catalanista que es comunica en castellà. Ell és de Terrassa i jo de Barcelona, però amb els punts de connexió que són les grans escoles religioses del Vallès. Ell i la seva dona em van acompanyar a un cabaret de travestis que s'havia organitzat per a l'aniversari del meu amic Luis Miguélez. Miguélez era un famós músic de la *movida madrileña* resident a la capital alemanya. Assegut al seu costat, amb els meus pantalons de pana, jersei de Furest, la clenxa ben pentinada i ulleres de pervertit de vespre de dissabte a l'avinguda de Josep Tarradellas, el meu aspecte contrastava amb la modernor de Miguélez i dels transvestits de dos metres que em somreien i em saludaven. En Benito no es va estar de fer-m'ho saber; estava aclaparat per aquella escena, no pas escandalitzat, senzillament no ho entenia. La reacció era semblant a quan uns anys enrere feia classes d'alemany a Barcelona amb un professor particular, a casa l'àvia. Era un gai alemany d'aspecte alternatiu que ella observava amb una suspicàcia gens dissimulada, fastiguejada perquè aquell noi hagués d'entrar a casa seva.

La vida de Luis Miguélez es mereix un llibre. De fet, el llibre el vaig escriure fa quinze anys però ningú no el va voler publicar. D'aquell llibre val la pena recuperar-ne el pròleg, perquè aporta llum al propòsit d'aquest relat: hi surten la curiositat, la fugida de Barcelona i també les noves elits. El psiquiatre Adolf Tobeña va resumir-me en una entrevista el canvi de poder a les elits catalanes:

> Les elits, en totes les societats, fan bàndols i estableixen fronteres entre elles, a veure quina s'imposa. Doncs les elits catalanes han tingut un canvi generacional acusat. Els individus que sortien al meu llibre de fa vint-i-cinc anys era gent de la Transició, i els que ara han comandat el *procés* tots són fills de la democràcia espanyola. Són dos mil, tres mil, quatre mil individus, no ho sé, s'ha d'estudiar qui són els alts funcionaris que estan lligats a l'administració catalana, que és una administració potentíssima, amb uns recursos brutals en termes d'educació, sanitat, obra pública, xarxa local, la xarxa elèctrica, telefònica, la indústria turística, la periodística. Ha crescut un cos funcionarial nou, que està en els llocs alts, amb una edat entre els 45 i els 55 anys, que han protagonitzat el procés juntament amb uns empresaris nous i una part de les famílies tradicionals. Jo això ho descric com la generació Laporta-Guardiola-Puigdemont.

En el meu primer encontre amb Miguélez jo anava acompanyat per dos membres d'aquestes noves elits Laporta-Guardiola-Puigdemont. Tots dos han treballat entre l'àmbit públic i privat, cultural i, ves per on, també amb el Barça. Tots dos són independentistes, s'han fet un lloc a l'administració i fins i tot entre velles famílies de renom adaptades als nous temps. Encaixen en el relat de Tobeña i d'alguna manera són el contrast de la meva decadència:

> Hi va haver una nit, ara fa uns anys, en què l'efecte que provocava un Jaguar creuant les interminables avingudes socialistes de Berlín superava la irritació mitjana. Per començar, el cotxe el conduïa un xofer de faccions massa perfectes: ros, quadrat, alt i cap cúbic: bon candidat per a la selecció alemanya de rem modalitat quatre sense timoner. Després hi havia els seus ocupants, tres joves mediterranis d'aspecte funcionarial, vestits d'etiqueta i que escuraven unes copes abans de baixar davant la porta del club més a l'última. «A l'última» a Berlín vol dir que muntes un local alegal per guanyar el concurs al cutre ben presentat, al desfasament temporal calculat i ofert amb la millor música electrònica i on la meitat de la joventut del país peregrina per oblidar-se que són alemanys. L'ostentació d'aquells tres llatins enfrontada a la ciutat encara per fer, de blocs amb façanes metrallades en una guerra de fa seixanta anys, i enormes solars buits, de gent que vol crear i no sap per on començar: per l'est? Per l'oest? Allà, al Club Río, va començar tot.
>
> No gaire lluny d'on van baixar del cotxe els tres tipus d'aspecte funcionarial es troba un cementiri militar prus-

sià, fins i tot un club que va ser un escorxador. Río només havia estat una sala de disseccions. L'habitació on s'obrien els cadàvers diuen que ara era la zona de ball, i que conservava les rajoles blanques originals i el desguàs per on s'escolava la sang. En aquella sala, assegut en un dels seus sofàs vermells, havia de trobar-me amb Luis Miguélez.

[...]

Érem un Jaguar i tres homes, a més a més, de mal veure: dos petitburgesos catalans amb el conjunt de missa i tortell de diumenge, i un alt càrrec del Departament de Cultura de la Generalitat que m'havia trobat hores abans en un lliurament de premis de cinema. El servei de xofer i el cotxe eren seus, però també ho era el problema d'accedir al club. La classe política pot ser un gra al cul, però si d'alguna cosa en saben és de posicionar-se allà on no hi arriben els altres. I la situació havia empitjorat perquè la torre que controlava l'entrada a Río ja em tenia fitxat. Dues setmanes abans havia intentat el mateix amb dos amics. A un d'ells no se li va ocórrer res millor que cridar que no ens deixaven entrar perquè eren uns racistes. L'efecte va ser l'esperat perquè vam gaudir de seguida d'un públic nodrit, tot i que ningú es va solidaritzar amb nosaltres perquè aquell dia, com en el moment en què em trobava ara, els vigilants de la porta eren dos turcs i un xinès. Però en aquesta ocasió, abans que ens barressin el pas amb el clàssic «entrada només amb invitació», l'alt càrrec de la Generalitat ja havia fet la seva feina: evocant la darrera campanya electoral pels mercats del Maresme, va convèncer unes noies procedents de la frontera amb Polònia, possiblement fascinades d'interactuar per primer cop amb un estranger, perquè li facilitessin la paraula secreta d'accés.

La taquilla de Río es troba en un pati de càrrega i descàrrega guarnit amb planxes de plàstic de colors que serveixen per alleugerir l'espera de deu minuts sota la pluja o la neu. Aquell dia era com qualsevol altre excepte pel preu de l'entrada, que costava més del que era habitual perquè a les dues de la matinada hi tocava un grup. El concert estava programat a l'àrea principal del club, una nau distribuïda entre una petita pista per al desori rítmic, dues pantalles de tela en què es projectaven muntatges audiovisuals i un escenari que ocupava el DJ o la banda.

Entre cerveses, safareig sobre el cinema espanyol i visites al senyor Roca van passar les hores. Fins que la música electrònica va aturar-se, els llums es van anar apagant i totes les bestioles que pul·lulaven pel Río es van alinear davant la tarima dels músics. L'escena era calcada al directe de Nick Cave a *El cel sobre Berlín*, quan l'àngel caigut interpretat per Bruno Ganz troba per fi la seva estimada. El funcionari de la Generalitat es movia entre el públic com Ganz, al·lucinant de poder dir de tornada «jo hi vaig ser». Sense minuts d'espera, acompanyats pel punteig dur d'una guitarra elèctrica, van aparèixer en escena tres tipus vestits de cuir de cap a peus; el teclista i el guitarra duien el cabell tenyit de ros oxigenat; el vocalista lluïa un bigoti barroc de puntes llargues i una cabellera llarga i negra com el carbó. Es van presentar com Glamour to Kill i ràpidament va quedar clar que 1) en això de la música feia molt que hi eren; 2) dominaven l'art de l'ambigüitat sexual i 3) eren una cosa diferent, un producte de Berlín però amb un deix canalla que no era alemany.

Els meus records d'allò són intensos i al mateix temps difusos. No podria precisar si hi havia molta gent o un bon ambient perquè la música i el xou em van absorbir. D'això es tracta el glam rock, diuen. Sí que sé que el so no va aturar-se en cap moment, dirigit pel guitarra que tenia justament davant. Em va cridar l'atenció perquè en el triangle que formaven els tres tipus, ell era l'angle més dur: ulleres de sol galàctiques, una mida considerable, cabell de punta, cara xuclada i uns llavis tensos que es movien amb les pujades i baixades de les seves mans per les cordes. Tot allò unit feia del xou una cosa tremenda: ell, el «Consuelo» tatuat al còccix del vocalista i les seves cançons en quatre idiomes, molt sexuals i paròdia de la societat de masses. Com Clone Fashion: «Oh Dolly, copiada, fotocopiada / Ahora se lleva ser un clon / Oh Dolly, prostituta del sistema / Dolly, sí una *top model* artificial y artificiera».

Més tard vaig trobar-me el guitarra, sol, amb una ampolla de cervesa, vestit ara amb una samarreta d'Adidas i pantalons militars. Vaig preguntar-li en alemany quin grup eren i per què tenien part del repertori en castellà, i la meva sorpresa va ser majúscula quan em va respondre que ell era d'un poble miner de Lleó. Em va demanar que l'acompanyés a un privat on es concentrava la seva tribu. Es deia Luis Miguélez, de nom artístic també Luis Miguélez, i amb uns ulls molt tancats mirant a terra va començar a parlar:

–Sí, sí, som espanyols però el grup l'hem muntat aquí. Ens coneixem de la *movida*. Jo era guitarra a Alaska i Dinarama, després vaig muntar McNamara, vaig treballar amb Lola Flores, Las Chamorro i Alejandro Sanz.

M'ho va explicar d'una volada, com el comercial que recorre pobles venent enciclopèdies. Mentre parlava li va caure tres cops a terra la cigarreta que fumava. Quan em va presentar el cantant, Antonio Culebras, aquest em va deixar anar la mà recargolant-se de dolor i cridant-nos que tenia alguna cosa a l'orella. Steve Morell també era allà saltant entre les diferents rotllanes que formava la cort dels Glamour To Kill en aquella sala de llums vermells i suaus. Morell és anglès, és alt i prim com un secall i porta la discogràfica Pale, la que editava els CD del grup. El color de la seva pell és entre blanc i gris de cortina, el d'un esperit. L'havia vist anteriorment, de nit, com a assidu del meu bar favorit, a tocar de casa, el White Trash Fast Food. El White Trash era un centre de culte per accedir als mons subterranis de la ciutat. Els dimarts eren el dia gran al White Trash, s'hi reunia el transvestisme de Berlín. El White Trash era un vell restaurant xinès adaptat per menjar nachos i hamburgueses, beure, ballar, drogar-se i parlar, si et quedaven forces. Estava format per diverses sales decorades per a una pel·lícula de terror de sèrie B. A Pale Morell també el tenia controlat d'un concert al Deep Club, una antiga fàbrica de cerveses a vint metres sota terra, habilitada com a discoteca amb diferents ambients –de música electrònica nivell dur a molt dur–, molta humitat, foscor i un petit altar on s'hi exhibia la mascota del lloc, un gat dissecat. El gat va fer-se famós a Berlín perquè algú el va segrestar. Els propietaris van publicar anuncis en premsa oferint una recompensa per la devolució del felí. El gat va reaparèixer al Deep Club, com també ho va fer Morell una matinada que el DJ va ser substituït per un grup eslau de música absolutament demencial que finalitzava la seva actuació amb una *performance* en la qual la cantant afaitava el nap a un membre de la banda, i continuava tot seguit amb una fel·lació.

–També he tocat al Deep Club –em va dir en Luis–. Tres cops, dos amb Glamour to Kill. Ho tenen molt mal organitzat. La sonoritat és un desastre i no tenen ni camerino per canviar-te. La tercera vegada que hi vaig ser, m'hi van convidar per actuar a la Folsom Gay Fetish Party.

–Sembla interessant.

–A tu no t'ho recomano. Jo estava encantat perquè em van pagar una pasta per tocar-hi quinze minuts. Només havia d'acompanyar la festa amb el meu rotllo heavy mentre el meu amic Andy es movia de quatre grapes per l'escenari simulant que era una gossa que em llepava les botes. El que succeïa allà, jo no ho he vist enlloc, perquè mentre érem allà dalt tocant la gent feia el que li rotava, des de mamar polles a practicar *fist-fucking*. Això sí, és un orgull que em truquin per a una festa com aquesta a Berlín.

Un rei d'Orient

Si Berlín va ser una fugida endavant, en bona part esperonada per la necessitat d'allunyar-me de l'ordre, la decisió de mudar-me a la Xina va ser ràpida, efectiva i dolorosa, com la depilació amb cera. Continuava sent una escapada de la remor que encara em perseguia, la remor de les fonts del Turó Park, del castellà de pilota de tennis i de les mares amb tot terrenys recollint els nens a les escoles de la Bonanova. Aquesta realitat es reprodueix arreu del món, no cal viatjar per saber-ho, però sí que és útil viatjar per evadir-te dels teus propis fantasmes.

Possiblement em vaig curar, acceptant els meus orígens, quan l'any 2007, a Pequín, vaig retrobar-me amb Fainé. El gran home ja era president de l'entitat i era a la capital xinesa per retre les visites de rigor al govern central. La Caixa volia posar un peu a la Xina i havia obert una delegació a Hong Kong. Per demostrar bona voluntat, la Fundació La Caixa va organitzar una exposició d'art en una sala annexa de la Ciutat Prohibida. Els periodistes dels mitjans de comunicació espanyols esperàvem al final del recorregut inaugural per recollir les declaracions de Fainé. Se'm va quedar mirant fixament entre la pinya de corresponsals, mentre parlava davant dels micròfons. Per a ell devia ser una petita sorpresa veure'm allà; per a mi va ser un exorcisme.

Vaig quedar tan alliberat de les meves pors que a la nit, en un sopar amb el director de la Fundació La Caixa, vaig plantar cara amb un gest tan senzill com rebutjar un regal. Els obsequis per als periodistes, en els anys de bonança econòmica, podien ser tan abundants que no et calia visitar ni la FNAC ni el Colmado Quílez durant una bona temporada. Joguines electròniques i productes gurmet eren el pa nostre de cada dia per als periodistes econòmics. Els sopars de presentació dels resultats anuals de La Caixa eren esperats en aquest sentit. L'últim any que hi vaig assistir –només eren convidats els caps d'informació econòmica, jo era el delegat d'*Actualidad Económica* a Barcelona–, el regal va ser un rellotge Tissot. Uns dies més tard vaig buscar el preu del rellotge: 450 euros. En una altra ocasió se'm va fer incòmode acceptar el present, embolicat amb detall, amb paper institucional de La Caixa. No sabia què era però m'imaginava alguna cosa luxosa –l'experiència de l'any anterior m'ho feia preveure: en aquella ocasió va ser una agenda electrònica Palm. Davant meu, un periodista especialment respectat per mi duia el paquet a la mà. Vaig explicar-li els meus dubtes, que si això era prevaricació, que si era un gest que no calia... «A tu t'influeix a l'hora d'escriure l'article? Tothom l'agafa, no t'ho pensis; a més, cridaràs l'atenció».

Cinc anys més tard, en aquell sopar a Pequín, assegut al costat del director de la Fundació La Caixa, en acabar les postres, de nou una hostessa va aparèixer repartint uns obsequis entre els periodistes de la taula. Vaig obrir el regal: era un reproductor de música iPod. A l'hora dc marxar, el vaig deixar damunt la taula. Una representant de la fundació em va preguntar si no m'agradava, i jo vaig limitar-me a explicar que no ho podia acceptar. Vaig dir a l'intèrpret del sopar, un xinès molt eixerit, que si volia l'iPod, el podia agafar. L'endemà, una representant del departament de comunicació de La Caixa em va enviar un missatge de correu electrònic lamentant el que havia fet.

La meva història a la Xina va ser-me útil per copsar l'embrió d'unes noves elits, no només en aquella societat sinó en la nostra. Els meus amics xinesos eren gent de molt d'ordre. Sovint, pels prejudicis tan comuns vers allò que desconeixem, hi ha persones a Barcelona que em comenten que els xinesos són uns porcs. He vist xinesos, no rics sinó de classe mitjana, voltant per Àsia amb provisions de guants d'un sol ús per tocar el mobiliari públic; xinesos que no han fet pudor de suor en sa vida i que es dutxen dos cops al dia; xinesos que en un restaurant, abans d'un àpat, netegen els plats i els gots que els han parat. Sovint la higiene segueix uns patrons universals: com més poder adquisitiu, més formació i hàbits més escrupolosos.

Els amics xinesos eren els meus companys del Beijing Hockey Club, el primer equip d'hoquei herba privat fundat a Pequín. Un dels pocs fets dels quals estic satisfet a la vida és d'haver-ne estat membre fundador. Érem una vintena de jugadors, la meitat europeus –jo era l'únic espanyol– i l'altra meitat, veterans de la selecció nacional de la Xina. Jugar a la selecció xinesa d'hoquei abans de la professionalització de l'esport olímpic, i en concret a la Xina d'abans dels Jocs de Pequín, era possible per una causalitat clara: eren part de l'elit, universitaris i famílies que havien crescut sota el paraigua del Partit.

Els meus col·legues no lluïen cap mena de dogmatisme polític, ans al contrari: eren capitalistes ferotges, el mercat global és la seva pàtria. N'hi havia un que era propietari d'una cadena de vint gimnasos; el president del club, un xinès-escocès, era director d'una empresa de Hong Kong d'instal·lacions esportives. El millor de tots, però, era en Bruce. Fundador d'un gegant del sector del moble, subministrava sofàs, llits, taules, llums a hotels d'arreu del país. És un paio gegant, pel que fa a dimensions i a personalitat. Sempre amb ulleres de sol, el cap rapat, es presentava als entrenaments amb xofer i una minyona filipina per als seus fills –perquè els nens aprenguessin l'anglès. En Bruce havia estudiat ciències empresarials a Austràlia i era un híbrid perfecte de tarannà xinès i occidental. Per a la celebració dels cent dies del seu fill –l'efemèride és el paral·lel del nostre bateig catòlic–, en Bruce va organitzar una festassa en un xalet que tenia per a trobades d'empresa. Escultors de blocs de gel, una banda tocant jazz, fonts que regalimaven xocolata, cambrers servint licors en barres que s'il·luminaven amb cent llums de colors; diplomàtics, clients, artistes, amics i jugadors d'hoquei. Occidentalització de la Xina en un xalet de luxe, en una barriada lluny de tot, feta de cases autoconstruïdes amb totxos de pèssima qualitat i sostres de llautó, nascuda a recer d'una autopista i on, a banda de treballadors immigrants, grups d'artistes començaven a instal·lar-s'hi en comunes. Podies sentir com el món girava en aquell suburbi.

Getxo

Una de les lliçons més importants de residir quatre anys a la Xina són els lligams innats que s'estableixen entre europeus. Els europeus s'ajuntaven de forma natural amb els altres europeus, fossin del país que fossin, en contraposició amb els pobles asiàtics i sobretot els nord-americans. Era curiós com els quatre joves dels Estats Units que venien als entrenaments del Beijing Hockey Club es relacionaven només entre ells, mentre que els europeus ens barrejàvem com si l'alemany, el belga o l'espanyol fóssim de la mateixa ciutat.

Els europeus de l'equip érem un col·lectiu força eclèctic: funcionaris de la Comissió Europea, executius de multinacionals i estudiants en formaven el gruix. Els orígens socials de cadascú eren evidents només amb la manera d'actuar i de parlar. En Richard era l'hereu d'una editorial anglesa especialitzada en llibres jurídics. El pare l'havia enviat a la Xina a obrir mercat i puc assegurar que dedicava més temps a aprendre les normes de la nit que les del dret internacional. En Jim era el *pijoloco* nostrat en format belga. Bell, alt, excel·lia en tots els esports; no passava mai la pilota i tenia un ego monumental. La seva família el va venir a visitar i era talment com si els personatges d'un retrat de Gonzalo Goytisolo haguessin estat teletransportats de la pèrgola del jardí a la grisor de Pequín. Rossos tots; el pare amb jersei per damunt de les espatlles i ulleres de vidre de laboratori alemany i motllura de fi acer inoxidable, la germana i la mare sortides d'un anunci de Tommy Hilfiger. Els xinesos se'ls miraven fascinats, com els esquimals que es van trobar amb els primers víkings. La meva mare va passar llargues temporades a la Xina entre el 1989 i el 1990. Ella i una amiga seva sueca, dues dones rosses i de bandera, eren seguides pels mercats de Pequín mentre la gent els tocava els cabells i observava la seva altura. No era admiració des d'un complex d'inferioritat física, sinó admiració davant allò que és estrany, rar, talment com un extraterrestre de compres pel passeig de Gràcia.

A l'equip hi havia també la Diana [li he canviat el nom], una persona de gran rellevància per a mi. És d'Hamburg, sinòloga, i treballava d'adjunta al director d'un fabricant nord-americà de mòbils. Tenia un bon sou i d'ella depenia la seva parella, un xinès fill d'un diplomàtic del Partit. Ell parlava un excel·lent francès, havia viscut molts anys a París. Era el paio més dropo que he conegut mai. Era d'una bellesa insultant i la Diana estava enamorada d'ell. Treballava venent garrafes d'aigua d'oficina, i m'obsequiava amb vals de garrafes que al meu despatx agraïen –compartia espai de treball amb la televisió flamenca, al *compound* històric on el Partit havia concentrat durant dècades els mitjans de comunicació estrangers. El xinès de la Diana era un *figura* de primera: jo mateix l'havia sorprès en cites clandestines amb altres noies –sempre europees. La Diana pretenia ignorar-ho fins que un dia van trucar a la porta de casa seva –ell vivia amb ella– i es va trobar una noia francesa visiblement emprenyada: era l'esposa d'ell; estava casat, de l'època de París, i no ho havia dit a la Diana. La meva amiga el va engegar i es va acabar casant amb un aristòcrata alemany.

La Diana m'acollia i em cuidava quan ho necessitava. Pels meus trenta anys va obsequiar-me amb una samarreta de la selecció alemanya de futbol. Coincidia amb l'Eurocopa del 2008, que va guanyar Espanya en una final contra Alemanya. Jo anava amb Alemanya i vaig veure el partit al pub més famós del barri diplomàtic de Pequín, el Paddy O'Sheas, on un parell de centenars d'expatriats, entre espanyols i alemanys, seguien el matx entre cerveses i mostres de rivalitat patriòtica. Quan feia estona que l'alcohol circulava generosament, un funcionari de l'ambaixada espanyola se'm va encarar per cardar-me una bufetada –jo estava animant com una cabra els alemanys–, però el van fer fora tres companys meus que en feien dos com ell.

Hi ha gent amb més endurança que d'altres, i aquest és el cas d'en Gregorio. Si aquell petit funcionari de visats no podia reprimir-se les ganes de cantar-me les quaranta per provocador, en Gregorio, agregat de premsa de l'ambaixada espanyola, somreia veient-me fer el mico amb els alemanys. En Gregorio és l'estereotip ideal de funcionari castellà de l'Estat: conservador i *bon vivant*, pausat en el treball, cabell rinxolat, corbata de colors cremosos, mocassins llustrosos, vestit impecable. Podia fer-te asseveracions sobre Catalunya o sobre l'esquerra que et deixaven acollonit; responies amb humor, o prenent-li el pèl, i ell ho entomava bé, sense canviar de parer però de manera civilitzada.

La matinada –hora de Pequín– del triomf de la Roja a l'Eurocopa va acabar com el rosari de l'aurora. El centenar d'espanyols del Paddy O'Sheas van decidir que ho havien de celebrar i en bloc, ben torrats, van recórrer els nou-cents metres que hi ha des del bar fins a l'ambaixada espanyola cantant el «lo-lo-lo» i altres variants. Els alemanys ja havien marxat i jo em vaig quedar amb en Gregorio al Paddy fins que algú va aparèixer esperitat i el va avisar que una divisió de furgonetes de la policia havia encerclat el seguici espanyol. La Xina és un Estat policial, i qualsevol concentració que faci olor de manifestació fa saltar immediatament les alarmes. Una pinya d'estrangers cridant pel barri diplomàtic de Pequín era motiu suficient per acollonir les autoritats i ser rebuda amb el cinquè de cavalleria local. En Gregorio, ben tranquil, va entomar la informació, va escurar el seu gintònic i sense perdre el somriure –tot i que ara era un somriure nerviós– va marxar cap al lloc dels fets per negociar la desmobilització i explicar a la policia que allò no era cap protesta política sinó la celebració espontània dels vencedors futbolístics d'Europa.

* * *

L'estimat Pepe Comas, llegendari corresponsal d'*El País* a Berlín, havia viscut mitja vida a l'Europa central i de l'est. Era un gran periodista, de caràcter haddockià; li tenia una estima enorme. Un vespre que nevava, sortint plegats del centre de premsa del govern federal, en Pepe es va oferir a dur-me en cotxe a casa. Em va sentir parlar per telèfon en català i quan vaig penjar em va preguntar per què treballava en català i per què vivia en català si era un idioma amb unes limitacions evidents per guanyar-se la vida i anar pel món. D'entre totes les respostes que podia oferir-li, vaig escollir la justificació familiar: havia parlat en català amb els meus besavis, avis, pares i germans; per tant, a aquestes altures de la vida, m'era difícil canviar. La gent d'ordre no perd la calma i la voluntat d'entesa; és la relativització del conflicte. Aquest tarannà és avui vilipendiat en aquesta Catalunya contemporània d'eufòria nacional. Sigui bo o dolent, és un fet que és un tarannà en retrocés també entre les elits, i els qui el mantenen acostumen a ser els pals de paller de la reserva.

Més endavant es va incorporar un basc a les files del Beijing Hockey Club: en Míkel. Era directiu d'una companyia d'energies renovables espanyola que té centres de producció de molins de vent a Tianjin, on vivia en Míkel. Tianjin és una ciutat portuària a cent quilòmetres de Pequín, i ell s'escapava els caps de setmana per jugar amb l'equip. Era, amb diferència, el millor jugador que teníem: havia estat durant anys el mig centre del Jolaseta de Bilbao, equip de la màxima categoria a Espanya. Ell, el seu club i la comunitat on està establert, Getxo, són el més proper que trobareu actualment al vell món de l'ordre barceloní. Getxo és la suma de Valldoreix i Pedralbes. El Jolaseta és un club petit comparat amb el Polo. Pel que fa a extensions i passat monàrquic-militar, el més similar al Polo és el Club de Campo de Madrid, però pel que fa a caràcter el Jolaseta s'hi assembla de forma prodigiosa. El petitburgès formigueta que progressa empresarialment, arrelat a uns valors socials i identitaris, rebutjant els excessos, evidentment al·lèrgic a aventures de qualsevol mena, sobretot a les polítiques –gràcies al concert econòmic i també a dècades d'impost revolucionari per part d'ETA; un moderat liberalisme, una dualitat que entronca amb els jesuïtes. Els nens del Club de Campo no eren els del Jolaseta, ni els del Polo ni els del Tennis Barcelona. Els plançons del Club de Campo són *gallardones* en petit; difícilment n'hi haurà que descarrilin per fer-se de la CUP o de l'esquerra radical basca. Encara avui, quan coincideixo amb algú de Getxo hi detecto un igual. Buscant un símil en la naturalesa, m'imagino la sensació que tindria un dels pocs ossos que queden als Picos de Europa si decidís creuar el Cantàbric i els Pirineus, arribés a la Vall d'Aran i descobrís una munió d'animals similars a ell.

Amb el Beijing Hockey Club vaig tenir experiències que no estaven a l'abast de la majoria dels expatriats a la Xina. Vaig participar en tornejos al club esportiu més prestigiós de Hong Kong, envoltats de gratacels i de provisions gastronòmiques i alcohòliques de tota mena. Vaig jugar al club més elitista de Singapur contra joves directius de banca escanyats per un ritme laboral infernal que, això sí, els permetria retirar-se amb cinquanta anys. A Xangai també hi anàvem, i a altres ciutats xineses, en gires on ens rebien com si fóssim un circ ambulant. La millor cita sociològico-esportiva la vam tenir a la base naval de Dalian. Dalian és una península que corona la mar Groga, a tres-cents quilòmetres de Pyongyang, a cinc-cents quilòmetres de Seül i que encapçala l'entrada japonesa al mar de la Xina. A la base naval de Dalian feia vint-i-cinc anys que no hi havia accedit cap estranger: els últims van ser els enllaços soviètics. Vam jugar contra l'equip dels fills dels oficials, en un camp arran de mar envoltat per vaixells de guerra. Ens vam deixar empatar perquè, si bé per a nosaltres el partit era el menys important, per a aquells nois –que per edat podien ser els nostres fills– era una mena de croada patriòtica. El sopar de benvinguda amb els comissaris polítics de la base va ser pantagruèlic i deliciós, amb la desfilada de rigor de brindis amb licor d'arròs. El sopar va acabar amb un nivell etílic general per sortir-ne de quatre grapes però, això sí, va finalitzar a les vuit del vespre, perquè allò era una base militar i l'endemà a les sis del matí tothom havia d'estar llevat i esmorzat.

Hu Nan

A Barcelona em tornen a la memòria aquestes aventures i coneixences xineses quan entro al meu restaurant, el Hu Nan, del passatge de Senillosa. És el *meu* restaurant perquè hi he menjat un cop per setmana durant molts anys. Es presenta com a «restaurant asiàtic» perquè hi ofereixen plats japonesos, tailandesos, vietnamites i xinesos, i és un lloc conegut entre el jovent de Sarrià per fer-hi el bufet lliure. Nosaltres demanem plats de la carta o que no apareixen a la carta però que tenen preparats per als empleats. La plantilla és íntegrament xinesa. Arreu del món, la majoria de restaurants que es venen com a japonesos estan gestionats per xinesos. La propietària del Hu Nan té cinc restaurants, quatre a la zona alta i un, enorme, a l'Eixample: quatre són de cuina japonesa. La senyora és encantadora, elegantíssima, i és qui mana; el marit –el seu segon marit– obeeix ordres. Tenen cinc establiments i dues filles: la gran, que estudia a la London School of Economics, i la petita, que és alumna de la prestigiosa escola Aula. Com a premi per les seves bones notes, l'estiu del 2017 van viatjar a EuroDisney i a Nova York.

A tocar del Hu Nan hi treballa un equatorià que ha muntat una xarxa de dotze botigues de queviures. El servei és extraordinari; veus els camions de mercaderies amb la marca de l'empresa procedents de Mercabarna pujant i baixant per Major de Sarrià, Capità Arenas, Sant Joan Bosco. Ell es diu Edgar, tothom el coneix i es fa respectar per la seva cortesia. Cada cop atén menys el públic, però quan te'l trobes en algun dels seus establiments et pregunta per la teva vida, et regala julivert o una safata de fruita –a punt de caducar. A mi em tenia una mica de tírria perquè acostumava a queixar-me de la música que obliga a fer sonar a les franquícies: la música de Cadena Dial. Als inicis de l'empresa, els seus empleats sintonitzaven emissores llatines i rebien la clientela amb cúmbies, bachata i salsa. Allò imprimia caràcter, podies sortir de l'establiment ballant i, a més a més, la qualitat musical era notablement millor que el que escoltes a Cadena Dial. L'Edgar feia cara de pomes agres quan li suggeria que tornessin a sintonitzar emissores caribenyes; per ell, els seus clients espanyols volen escoltar música espanyola. Tant li feia si jo li explicava que a Sarrià els veïns no escolten Cadena Dial; les emissores oficials de música al barri, des de la meva infància, són M80 i RAC105. És un fenomen que només qui hi ha viscut tota la vida pot ser-ne conscient: a la dècada dels vuitanta, quan entraves al videoclub CaryPol de la plaça d'Artós, invariablement sonaven els *hits* de Europe, A-ha, Madonna o Michael Jackson; trenta anys després hi sonen les mateixes cançons –al CaryPol, a la botiga de fotocòpies, a la merceria: el mateix pop de quan eren joves.

Hi ha una veïna a Sarrià, una venerable velleta, amb qui coincidia sovint a la botiga de queviures que l'Edgar té al carrer d'Osi. És una senyora petita i encorbada, que vesteix amb molta humilitat, que no destaca per res –acostuma a acompanyar-la una minyona llatina, però això al barri no és motiu per destacar. No parla amb els dependents encara que la saludin amb el «¿cómo está hoy, guapa?». Fa cara de fàstic i deixa que la noia de fer feines interactuï amb els seus pròxims. També la veia cada dia des de la terrassa del meu apartament. Casa meva era un piset de seixanta metres quadrats amb una terrassa que dona a un jardí interior. El jardí és part d'una comunitat de pisos de luxe, i la senyora hi passava una estona cada dia. Amb els canvis d'estació s'hi instal·lava un equip de jardiners per fer la feina bruta. Sempre es repetia el mateix diàleg: «Buenos días, señora. ¿Cómo se encuentra?». La resposta era invariablement un soliloqui amb el qual la velleta explicava tots els seus dolors d'ossos o les desventures d'aquesta o d'aquella planta. Mai la vaig sentir interessar-se pel mateix jardiner que fa anys que cuida la bassa dels peixets, els pins i les hortènsies d'aquest petit paradís. La darrera vegada que vaig ser-ne testimoni, va anar així: «De nuevo aquí, señora. ¿Cómo está?», «Pues mire, hace un mes murió mi prima, usted sabe, que la conoció un día, pues tenía una ciática que le...». El jardiner, pacient, escolta el rotllo de la senyora quan ell potser s'acaba de divorciar, o té depressió o li han entrat a robar a casa; no podrem descobrir cap detall de la seva vida perquè la meva veïna mai pregunta res: s'escolta a ella mateixa, dona ordres i, quan acaba el dia, passi-ho bé i ja li farem la transferència des del compte de la comunitat.

Ella és l'antítesi de l'Edgar, l'empresari nouvingut que es desviu en atencions pels seus clients. Evidentment que hi ha una diferència de papers: l'Edgar vol vendre't uns plàtans o unes costelles de porc, i la senyora no vol vendre res. Però el més important és que ell vol fer-se un lloc en aquesta societat mentre que ella ja hi té una llotja en propietat.

Les illes d'edificis entre Osi i Bonaplata serveixen de guia per copsar la substitució parcial de la classe benestant barcelonina. Tot allò que observava des de la meva terrassa n'és testimoni: al meu replà hi havia dues joves catalanes que s'han emancipat amb els diners dels pares. A la porta del costat on jo era, hi vivia un vell que no recordo per què però jo donava per fet que era veterà de la División Azul. En pau descansi, però era un ésser repulsiu. Jo sentia profunda compassió per ell. Els fills l'havien aparcat allà. Era un *españolazo* de cap a peus, i sord. Podia seguir minut a minut la seva vida perquè l'explicava a les assistentes i als fills cridant en *dolby surround*. Un dia va marxar la llum a casa meva; vaig sortir al replà, a comprovar si era cosa meva o de l'escala sencera: em vaig trobar que el veterà de la División Azul m'havia pres un fusible i se l'estava cargolant a la seva caixa de fusibles. «S'ha de ser desgraciat», és el que vaig pensar amb llàstima i sense cap mena de rancúnia. Va morir i els fills van arrendar l'apartament a una noia de trenta anys a la qual els pares li havien muntat l'emancipació. Això ho sé perquè sovint hi compareixia la seva mare per estudiar com tenia el niu de maduresa. L'altra noia emancipada-finançada del meu replà tenia vint-i-dos anys, era guapíssima, es llevava a l'hora dels marquesos i cada setmana li netejava el pis una filipina amb uniforme que suposo que li enviaven els pares. L'última ordre que vaig sentir que transmetia a la minyona va ser: «¿Puedes ponerme la lavadora? Es que no consigo que funcione más de tres minutos».

Ignasi Barba és un veí il·lustre del Galvany. Com que Barba és un espècimen importat de Matadepera i amb una mirada externa, ha pogut identificar amb notable precisió els tipus sociològics del nostre districte. Per ell, un dels fenòmens més singulars de Sant Gervasi és el que ell denomina «castellanor». La *castellanor* és un reducte dins el reducte en extinció: era *castellanor* el meu veí de la División Azul, ho és la caspa de Santa Gema i San Odón, ho són les velles que juguen a bridge a la sala de dòmino del Polo i per a les quals hi havia algú al club que recordava renovar la subscripció a l'*Abc*; no és que siguin castellans –alguns són tant o més catalans que la Moreneta–, és que s'han mantingut fossilitzats i arrosseguen dèries d'hereus de vencedors de la guerra.

Al pis damunt del meu hi vivia una família de mexicans: la mare, el fill i el pare, que pencava com un ase de directiu en no sé quina multinacional. Al replà de sota hi residia un indi amb els seus fills; ell crec que feia de professor per a una escola de negocis. Els baixos de l'edifici són d'una dona divorciada que fuma tabac negre, odia els homes i els substitueix adoptant gossos i gats. Durant set anys vaig intentar que em tornés algun dels meus «bon dia». La fumadora de tabac negre convivia amb un home que lloga velers i apartaments a l'Empordà. Durant un any, a casa d'aquesta dona hi va residir una amiga seva, una relacions públiques també divorciada, odiadora d'homes i que compartia vida amb una gossa. Tampoc em tornava els «bon dia», només una vegada em va respondre per indagar si era jo qui llençava pinyols de cireres a la seva terrassa. Els altres baixos els ocupava una noia, filla de nou-rics valencians que treballava d'executiva per a una marca de moda. La seva parella li va regalar per Nadal un golden retriever; la sentia cada matí obrint una llauna de Coca-Cola Zero al seu jardí.

Aquest petit racó de Barcelona té una significança especial, i no la té per la vulgaritat d'aquest relat sinó perquè hi van residir dos premis Nobel de Literatura: a una banda, Gabriel García Márquez, i a l'altra, Mario Vargas Llosa. Des de la meva terrassa, regant els clavells, l'atzavara i el cactus de la besàvia, veia les finestres on van viure, apadrinats per Carme Balcells. Era una altra època, expatriats culturals d'un món convuls. L'existència al districte de Vargas Llosa, de García Márquez, dels Goytisolo, de Vinyoli, Vázquez Montalbán, Jordi Herralde o Bigas Luna passava i continua passant avui ignorada pels veïns de l'ordre. Són personalitats que no mereixen cap reconeixement especial per ser referents de la cultura; ans al contrari, podrien ser observats amb recança perquè probablement alguna responsabilitat han de tenir en la inutilitat demostrada pel fill que ha sortit artista.

L'antic propietari de la papereria Bambi, al carrer Vives i Tutó, era el proveïdor «oficial» de folis de García Márquez. L'escriptor els comprava en quantitats industrials perquè, no ho oblidem, en aquella època s'escrivia amb màquina d'escriure. El propietari de la Bambi m'explicava que García Márquez el visitava vestit amb la seva famosa granota blava de mecànic. Van fer amistat fins al punt que l'esposa de Gabo, Mercedes Barcha, va ser la padrina de la filla. La dona del senyor Bambi lluïa un penjoll que els García Márquez li havien regalat. Però, lluny d'estar content per aquesta coneixença, quan comentàvem aquella amistat el senyor Bambi criticava García Márquez perquè havia desaparegut de les seves vides.

«Viu en un apartament del barri de Sarrià. Treballa en una habitació petita, amb una finestra de planta baixa des d'on es veu un tros de gespa i un carrer tranquil, d'aspecte provincial». Això va escriure Plinio Apuleyo Mendoza, amic íntim de Gabo, després de visitar-lo.

Els veïns van trobar-se fa uns anys amb la visita privada, sense el seguici de la premsa del cor, de Vargas Llosa. Se'l va veure comprant a la Foix i dos testimonis van afegir-me que no tenien cap interès que aquest home vingués a Sarrià perquè insultava Catalunya, etcètera –Vargas Llosa s'ha significat per la seva oposició al procés independentista. Em resulta difícil imaginar-me que deu anys enrere algú m'hagués apuntat comentaris d'aquesta mena contra un escriptor de renom com Vargas Llosa.

El món de l'ordre, contra el que molts creuen incorrectament, no s'havia prodigat en expressions nacionalistes espanyoles, molt menys en patums catalanistes. La *castellanor* és un apart, la subsecció sota la secció de l'articulat d'un contracte, com ho eren els Carulla o en

Cendrós però a *l'altra banda,* amb Òmnium Cultural. Tot això ja és història, i ara discutir de referèndums, de presos polítics, passar un dia al mes voltant amb una estelada per Catalunya, enganxar-te la bandereta a la moto o al tot terreny que utilitzes per sortir el cap de setmana és el que avui és hegemònic fora de la reserva del vell ordre.

Hi ha, però, una nova elit, també a part, que comença a agafar volada, desmarcada de moment d'aquestes misèries, en els seus primers compassos. Són famílies procedents d'altres països i que, en comptes d'arribar a Barcelona amb una mà al davant i una altra al darrere, ja s'hi estableixen ben proveïdes de diners: a Major de Sarrià tenia localitzades tres famílies xineses que hi resideixen; els nens van als millors col·legis de la zona. Tinc un amic que treballa en banca d'inversió a Ginebra. No té ni un sol client català a Barcelona, en canvi sí que en té de llatinoamericans que hi passen llargues temporades. Cada dia hi ha més russos passejant pel barri; no són turistes, ni expatriats ni –únicament– inversors immobiliaris. Fa cinc anys vaig haver d'assistir per compromisos laborals a una festa de llançament d'una revista per a la comunitat russa resident a Catalunya. L'esdeveniment se celebrava en una discoteca del carrer Còrsega. La trobada era plena fins a la bandera de personatges que habiten Barcelona i de l'existència dels quals no tens ni la menor idea tot i que cada cop van guanyant espai de la ciutat, sobretot immobiliari, com si Barcelona fos una partida de Monopoly. Sé que viuen entre nosaltres perquè he vist les mares amb els nens amunt i avall per Sarrià i l'avinguda Foix. Tard o d'hora s'implicaran en els designis de la societat que els acull i transformaran l'ordre local, però de moment el contacte entre ells i l'alta burgesia barcelonina és pràcticament inexistent: discorren per camins paral·lels, camins que inevitablement acabaran un dia convergint amb els fills.

Mohinder Lal

Els nens del minvant món de l'ordre, com els nens de les elits hegemòniques, avui coincideixen amb similars de tot color a classe, a l'entrenament del seu equip o a la urbanització d'estiueig. Fa trenta anys, però, els nens de les Tres Torres o de Pedralbes, el principal contacte que teníem amb estrangers eren les minyones. És clar que era una època en què, a diferència d'ara, hi havia minyones locals: jo en vaig tenir d'aragoneses –la Justa–, de les Borges Blanques –la Virtudes–, de gallegues –la Conchi– i d'andaluses –la Fina, la Salud i la Mercedes. La rotació d'assistentes era extraordinària. En aquells temps era habitual que la noia dormís a casa, per tenir cura de les criatures i preparar l'esmorzar a primera hora. Se li habilitava una petita habitació, normalment l'habitació on s'amuntegaven els trastos que destorbaven, perquè hi tingués un llit, un armari amb la roba de treball i de carrer –els diumenges tenien festa– i una tauleta de nit on hi col·locava la foto dels pares o dels fills, tots lluny de la seva vida.

Tenir minyones a pensió completa a casa actualment és una excepció, només mantinguda per famílies nombroses. És un assumpte que domino perquè de petit no hi havia casa d'amics on hi faltés la minyona a tota hora. Avui, aquests mateixos amics continuen contractant «empleades de la llar», amb la diferència que, quan ells tornen de la feina, elles pleguen i se'n van a casa seva.

Recordo pràcticament totes les meves tates, unes més que d'altres: de la Conchi, la gallega, no en tinc gaires coses presents excepte que era potser la més jove que va passar per casa i que tenia uns pits gegants. Van enxampar el meu germà un parell de cops espiant-la al lavabo. La Justa era de Vimbodí i vivia a Ocata. Era una senyora gran que principalment assistia els meus avis quan la seva minyona titular feia vacances; també ens cuidava a nosaltres durant els estius. Cuinava uns dolços fregits fenomenals i ens va ensenyar a jugar a cartes; ens va convertir en mestres de la *perejila* i del set i mig. Era una dona devota, conservadora, que assumia la seva condició de serventa amb unes atencions extraordinàries vers tots nosaltres.

La Mercedes era d'un poblet de Granada i representava una evolució evident respecte a la Justa. La Mercedes gairebé no sabia escriure, però era sensible davant un món en transformació i entenia que els seus fills havien d'aprofitar l'ascensor social. La seva filla va ser la primera persona de la família amb estudis universitaris, era una pencaire tremenda que a vegades visitava la mare quan era a casa nostra. Era respectuosa amb nosaltres, però en la seva mirada podia desxifrar que li costava pair que hi hagués aquelles diferències de benestar en una mateixa societat. El marit de la Mercedes treballava a la fàbrica que la Philips tenia a la Zona Franca. El marit era un sindicalista actiu: una vegada, a finals dels noranta, el vaig descobrir en una foto del diari, al capdavant d'un piquet de vaga. La fàbrica de la Philips –Miniwatt-Philips– va abaixar la persiana l'any 2005; des dels noranta i fins a aquell any, la guerra amb la plantilla de la línia de producció va ser constant. La figura del marit de la Mercedes, els relats que ella em feia de les seves peripècies contra la direcció de la multinacional, lluitant pel que em semblaven injustícies laborals de manual, problemes que eren tan estranys a la meva existència, em provocava el complex de classe inevitable.

Roma, la pel·lícula d'Alfonso Cuarón, és producte de la sensació de culpa de classe. La mateixa culpa que em fa escriure aquestes línies sobre les assistentes de la meva vida: jo ho escric i Cuarón en fa una obra mestra del cinema; jo parlo d'uns fets que es produeixen a Barcelona i ell a Mèxic, però el fenomen és el mateix. *Roma* va triomfar com a pel·lícula perquè és extraordinària, però també perquè fa sentir bé la progressia d'Occident, perquè almenys durant les dues hores que dura el film, la minyona, allò que és un complement de l'amo, es converteix en protagonista.

A banda de la Mercedes, la Justa, la Virtudes, la Conchi i tantes altres minyones espanyoles que em cuidaren de petit, n'hi va haver la mateixa quantitat que eren de fora. Les espanyoles intercalaven la feina de la llar amb noies filipines. De marroquines encara no n'hi havia, la migració del Magrib trigaria encara una dècada a arribar. Era el primer contacte dels menuts de l'ordre amb individus estrangers. Després venien les colònies al Regne Unit, Irlanda o a Amèrica del Nord, o les *au-pairs* europees que per vacances s'encarregaven de nosaltres. Un estiu, a Menorca, quan tenia tretze, ens van deixar sota la tutela d'una estudiant sueca escultural que prenia el sol fent *topless*. Cada matí ens aparcaven amb ella a la platja de Son Parc. Per norma, la platja m'ha avorrit des de petit, però aquell any va ser el primer i l'únic que hi vaig anar cada dia de bon grat.

Un altre personatge estranger fascinant de la meva infància i joventut va ser Mohinder Lal, campió olímpic indi d'hoquei herba als Jocs de Tòquio '64 –i plata a Roma '60. Era l'estrella de la selecció i no sé a qui va ensibornar però el Polo el va contractar per jugar al club i entrenar-hi equips. Li van concedir una de les casetes dels treballadors de l'entitat, i allà vivia amb els fills i la dona –sempre vestida amb un sari, era el doble en dimensions que ell. Per mi, de petit, en Mohinder era el senyor que ens venia els pals d'hoquei a la porta de casa seva, obrint un petit cobert on guardava el material que importava del Pakistan i de l'Índia. Del rebedor sempre sortien unes flaires exòtiques procedents de la cuina que substituïen el silenci d'en Mohinder, home de poques paraules –potser perquè no se li entenia un borrall del castellà que havia après a mitges. De tant en tant apareixia pels camps mentre ens entrenàvem, vestit amb un xandall del primer equip, ens observava durant mitja hora i després tornava, sempre en silenci, cap a casa. Va morir el 2004 i a l'enterrament no hi va anar pràcticament ningú del club.

L'*alter ego* de Mohinder Lal era Ranjit Singh, un indi que assumia el mateix paper que ell però a Terrassa. En Ranjit era més jove que en Mohinder, no vivia a les instal·lacions de cap club i tenia la botiga de material d'hoquei a la mateixa ciutat de Terrassa. És l'arquetip de sikh: turbant, barba, alt i amb aquella presència física d'extra d'*Indiana Jones i el temple maleït*. Si l'existència d'en Mohinder era un afegitó, un complement que veies passar quan entraves al Polo, en Ranjit va integrar-se millor i fins i tot, el 2003, li van dedicar el Capgròs de l'Any de Terrassa. Les maneres d'en Ranjit coincidien més amb les del laboriós botiguer català, i les d'en Mohinder, amb les de l'industrial i l'aristòcrata ranci del Polo. És una adaptació normal a l'entorn. Jo mateix, davant d'aquesta descripció dels dos personatges, tendeixo a simpatitzar amb la bona gent de l'hoquei de Terrassa. Aquesta superioritat moral que jo també tendeixo a acceptar és la que en bona part impel·lia sovint els socis dels clubs de Matadepera a cridar-nos «*pijos*» o «fatxes» quan els partits s'escalfaven. De ben petit, quan em deien «*pijo*» jugant a l'Egara o a l'Atlètic, em preguntava com podien dir-me *pijo* aquella gent que eren membres d'uns clubs tan rics com el Polo, amb les seves pistes de tennis, hípiques als voltants, fustes nobles per guarnir les sales socials, fills consentits amb un Golf o la Scoopie per tornar del club al seu xalet, on vivien significativament millor que jo.

Les filipines

Avui les minyones filipines van molt cotitzades, però quan jo era petit eren un complement habitual de les nostres llars. Jo tinc present l'Amparo i l'Espi. L'Amparo em va ensenyar renecs en tagal, de fet ella me'ls dedicava i jo els memoritzava. Anys després vaig demanar que me'ls traduïssin, i així vaig descobrir que l'Amparo n'estava fins als nassos de mi. L'Espi ens va dur a reunions de la seva família, que per mi eren viatges a indrets fascinants on es cuinaven fideus d'arròs, es cantaven melodies estranyes i els nens de la meva edat sortien a jugar al carrer.

Les assistentes filipines encara es poden trobar pels carrers de l'Upper Diagonal, normalment uniformades de blanc i blau cel, o de blaus i grisos foscos si els seus senyors s'autoconcedeixen un prestigi superior –com qui s'introdueix el «de» davant del cognom: és diferent dir-te «Soler» que «de Soler». Els millors moments del dia per a l'albirament d'aquestes empleades de la llar són a primera hora del matí, una mitja hora abans de dinar i a la tarda: són les estones que tenen per passejar el gos de la casa i per fer trucades sense que les importunin. Acostumen a ser escenes en què pateixes per ella i pel gos: ella fa cara de presidiari sudeny forçat a obrir una rasa en una carretera del Mississipí mentre arrossega el quisso, que amb prou feines pot fer una pixada, com si fos un sac de patates.

Un altre senyal de distinció era contractar matrimonis de filipins. Els anys de servei establien una relació de confiança especial entre el matrimoni blanc contractant i el matrimoni oriental contractat. La discreció del matrimoni filipí era clau per mantenir la feina quan els fills dels senyors abandonaven el niu familiar. Vaig gaudir d'una revetlla de Cap d'Any en una mansió a Pedralbes, envoltats d'obres d'art d'un gust excel·lent, jardí amb merles i puputs, atesos per un vell matrimoni de filipins que es movien per la residència com si fossin esperits: quan l'home s'acostava pel darrere per servir-te el salmó, el cor se't disparava en pulsacions perquè no senties la seva presència fins que no el tenies damunt del clatell. Aquell matrimoni convivia amb els senyors de la casa malgrat la mort dels gossos i l'emancipació dels plançons.

De ben petit ja copsava que allò del matrimoni de filipins era una categoria superior. Quan a casa teníem cavalls, hi havia fills d'amics dels meus pares que jugaven a les cavallerisses del Polo observats per la minyona asiàtica com si fos un avió radar Awacs mentre el seu home ajudava el senyor a preparar els estris d'hípica. Hi havia una d'aquestes famílies que a Sitges tenia una finca com jo no he vist res igual a la vida. Sortíem en carro a donar la volta a les propietats; potser trigàvem mitja hora a finalitzar el circuit. El masover ens guiava pels dominis conduint els cavalls i en tornar a la masia ja teníem preparats uns refrescs; només hi faltaven els cultius de cotó. Tot allò va ser venut i ara s'hi ha construït, i s'ha convertit en una extensió del municipi.

De totes les minyones filipines que han desfilat per la meva vida, la que més em va marcar ho va fer per una escena ridícula. És un detall irrisori, ni tan sols tinc clar a quin apartament va succeir, però el que és segur és que va ser als edificis residencials que hi ha a Ganduxer cantonada Diagonal, oposats al Via Veneto: allà hi vivien dos companys de l'escola. Probablement era en un dúplex on vivia un dels meus amics, fill d'una nissaga de fabricants d'ascensors. El cas és que una tarda, corrent mentre jugàvem pels passadissos de l'apartament, vaig adonar-me que darrere meu ens seguia la minyona fent equilibris amb una safata de sandvitxos de Nocilla i de pernil. Nosaltres corríem, perseguint-nos amb joguines de Star Wars, i ella ens seguia per proveir-nos el berenar just en el moment que ens canséssim. Jo tenia entre vuit i deu anys però allò ja em va sorprendre. «Què fa aquesta senyora? Per què no deixa el berenar a la cuina?».

Més endavant, per vincles familiars, vaig tenir la sort d'introduir-me en el petit món dels filipins de casa bona, amb lligams amb els vells llinatges colonials espanyols. No només vaig descobrir que ells també tenien minyones filipines, també vaig aprendre que les diferències socials encara podien ser més extremes en altres països. Isabel Preysler és el personatge més cèlebre d'aquest col·lectiu. L'elegància i la bellesa no són exclusives d'ella: he conegut senyores d'origen hispanofilipí que competien amb ella en classe, però amb l'afegit de la discreció i la generositat característiques dels nàufrags de paradisos extints, refugiades en cases sumptuoses i envoltades d'objectes de vides antigues, personatges que d'alguna manera m'evoquen les novel·les austrohongareses de Joseph Roth.

Sant Ignasi

Hi vaig passar moltes tardes, en aquests edificis de Ganduxer cantonada Diagonal, i alguna vegada hi he tornat per passejar-hi. Són un laberint de passadissos i galeries, d'una arquitectura gens pròpia de Barcelona, més adient per a grans metròpolis de l'estil de Madrid o Buenos Aires. Anys més tard, des de les altures d'un d'aquests blocs, es va precipitar al buit una noia de disset anys que es deia Blanca. Va ser un suïcidi comentat al vell món de l'ordre, perquè la Blanca i la seva família eren una coneguda família del Polo. Vaig parlar de la mort de la Blanca amb el seu pare arran d'un llibre que vaig publicar sobre la reacció social davant del suïcidi. Aquest treball, *La sombra del ombú*, girava entorn del suïcidi d'en Manuel, un noi argentí que va penjar-se d'un arbre als jardins dels Jesuïtes de Sarrià durant la graduació de la promoció de la meva germana.

Malauradament, de suïcidis se'n produeixen a dojo –és la primera causa de mort no natural a Europa. El cas de la Blanca em va cridar l'atenció per l'exposició pública i social que el pare en va fer. Les reaccions més habituals davant del suïcidi d'un ésser estimat són la sensació de culpa i pretendre que pots enterrar l'experiència en el racó més amagat de l'ànima. El cert, però, és que els fantasmes sempre hi seran. L'infortuni de la Blanca va ser diferent en part perquè es va fer públic. Pilar Rahola va escriure'n una columna a *La Vanguardia,* un text que la comunitat del Polo va compartir en grups de whatsapp, cadenes d'internet i sobretaules.

El pare de la Blanca em va atendre una tarda després de tancar la clínica d'estètica dental que dirigeix a la Bonanova. La seva maduresa a l'hora d'afrontar-ho era aclaparadora, i ho era també perquè ho feia una persona que és membre d'una elit reservada per naturalesa, en principi gelosa de la seva posició social, sempre amatent a qualsevol amenaça que qüestioni el seu prestigi. Durant els tres anys que vaig invertir a preparar el llibre, moltes persones del meu entorn van revelar-me el suïcidi d'algun parent proper, de pares a oncles, experiències traumàtiques que desconeixia malgrat la proximitat d'anys amb ells, històries fosques perquè les volien ocultar en el més profund de la seva consciència, no només com a trauma personal sinó com un fracàs social. El suïcidi és un tabú perquè és un fracàs col·lectiu: un dels seus membres vol deixar de viure-hi. Però si, a més a més, la mort es produeix en un grup privilegiat, la sensació de fracàs social s'agreuja. Les elits són elits no només perquè tenen més poder adquisitiu i influència, també ho són perquè preserven l'estatus encara que sigui amb aparences.

Per l'intent del pare de la Blanca de raonar i d'extreure'n una lliçó, el seu cas contrastava amb el que va succeir al Sant Ignasi aquell 8 de juny del 2012. Amb el cadàver d'en Manuel encara penjant de l'arbre del jardí, davant dels assistents que esperaven l'inici de la cerimònia de graduació, familiars, alumnes i professors no sabien reaccionar. Molt probablement qualsevol altre grup social hauria patit la mateixa desorientació i manca de preparació per a una situació d'aquesta mena. També és probable que, en un altre lloc i en un context més progressista, la cerimònia s'hagués cancel·lat. Però el director del Sant Ignasi va decidir continuar amb tot plegat. Un any més tard vaig convocar la meva germana i quatre dels seus companys de promoció perquè em fessin cinc cèntims de com ho recordaven. Aquest és un extracte de *La sombra del ombú:*

> La Laura és la meva germana, avui estudia disseny de moda en una escola privada de Barcelona; la Bàrbara estudia Relacions Públiques en una universitat privada de Barcelona, propietat de la Companyia de Jesús; la Verònica estudia Direcció i Administració d'Empreses en una universitat púbica, també a Barcelona. L'Ignacio repeteix

segon de batxillerat, però en un altre institut, no al Sant Ignasi.

La meva intenció és retratar com reaccionen davant del record d'aquell suïcidi. Una taula rodona al Bar Monterrey, el meu refugi a Sarrià. No hi pot passar res de dolent, al Monterrey. Més endavant vaig proposar-me organitzar, amb la mateixa idea, una trobada amb els seus pares. Però de vuit pares, només dos van acceptar la meva proposta: el de la Laura –és a dir, el meu pare– i la mare de la Verònica.

Un any després, els quatre joves coincidien que sovint pensen en aquells fets: «Quan algú em parla del Sant Ignasi, de seguida el cap vola cap a aquell dia», diu la Bàrbara. La seva mare va resar durant aquella tarda. «Com pot haver passat això al Sant Ignasi?», era la pregunta que es repetia la seva mare, segons explica la Bàrbara.

Mare i filla no van voler veure el cadàver. Van ser advertides per la professora de francès, que a l'arc d'entrada a l'escola desviava el trànsit informant crípticament sobre el succés. En canvi, per a la Verònica va ser inevitable: se'l va trobar enmig del jardí, tapat ja per la policia però amb els peus descoberts: «Els meus pares es van tancar al cotxe, en xoc. La meva àvia era amb ells. No volien que sortís del vehicle, perquè no s'assabentés del que havia passat. Després, a casa, la meva mare no deixava de repetir que fort que tot hagués continuat com si res».

L'Ignacio va arribar a l'escola molt abans que els altres. Havia d'ajudar a preparar la missa. Va ser testimoni de tot. És el més tímid de tots quatre i el que s'expressa amb més cautela. Les seves companyes són més aviat crítiques amb la direcció de l'escola per haver decidit prosseguir amb les festes de la graduació: «El problema és que només podia fer-se aquell divendres. Després no hi hauria més dies disponibles perquè de seguida havíem de centrar-nos a preparar la selectivitat i just després dels exàmens sortíem de viatge de fi de curs. I després del viatge arribaven les vacances».

Tots tenen algun conegut que va parlar amb aquest o aquell professor que assegurava que en Manuel era alumne dels cursos professionals del Sant Ignasi, o de la veïna i germana escola universitària Institut Químic de Sarrià. El cert és que no he pogut confirmar cap d'aquestes informacions. Malgrat això, per què les tres noies creuen que la seva escola podia mentir per ocultar un vincle amb en Manuel? La Verònica és la més contundent: «No m'estranyaria que l'escola fes el possible per amagar-ho. És la cultura del col·legi, té més importància la seva imatge que el fons». Malgrat això, la Verònica admet que si tingués un negoci i hi hagués un suïcidi al seu establiment, també faria el possible per ocultar-ho. «Fa baixar el prestigi del teu negoci», afegeix la Bàrbara.

L'elixir d'ou

Gaziel explicava a les seves memòries la raó de ser del Sant Ignasi: «La Companyia de Jesús aspirava a muntar un magnífic col·legi, només de pensionistes, que acollís el més selecte entre els fills de la burgesia i la caduca aristocràcia catalana. [...] Portar els nens al pensionat de Sarrià era a Catalunya, i en especial a Barcelona, un acte i un títol de representació social, com tenir una llotja al Liceu o la torre d'estiueig a Cardedeu o Caldetes».

Els costums de les elits muten poc, i ho fan només després de moltes dècades. El que exposava Gaziel és una realitat de fa més d'un segle, però aplicable en bona part al moment present. Quines són les elits que substituiran aquest vell món de l'ordre que he conegut en els seus últims moments de glòria? Aquest seria un llibre que ara no em pertoca, perquè el naixement d'aquesta realitat és molt recent, és una realitat en formació i en la qual no hi he crescut. Però, malgrat que no hi he crescut, sí que he tingut contacte amb nous prohoms que tenen ascendent a la ciutat i a Catalunya. Aquest grup que comença a ser hegemònic presenta diferències notables respecte a l'ordre barceloní sorgit o consolidat durant el franquisme: és una elit que entronca amb la burgesia catalanista de principis del segle XX però amb un factor propi, absolutament diferent d'aquelles famílies que feien caixa amb el seu negoci privat i que construïen el país trinco-trinco amb els seus calés i d'esquena al poder polític: entre els grans burgesos d'avui, bona part del seu patrimoni prové dels negociats que tenen amb l'administració pública o depèn d'alguna manera de la bona sintonia que mantenen amb el govern de la Generalitat.

És la irrupció d'un mandarinat català, un fenomen inaudit en els temps moderns. Si la iniciativa privada i la desconfiança vers la política i l'administració pública havien estat senyal d'identitat de la burgesia local, ara sorgeix allò que apuntava el psiquiatre Adolf Tobeña: «Són dos mil, tres mil, quatre mil individus, no ho sé, s'ha d'estudiar qui són els alts funcionaris que estan lligats a l'administració catalana, que és una administració potentíssima, amb uns recursos brutals en termes d'educació, sanitat, obra pública, xarxa local, la xarxa elèctrica, telefònica, la indústria turística, la periodística. Ha crescut un cos funcionarial nou, que està en els llocs alts, amb una edat entre els quaranta-cinc i els cinquanta-cinc anys, que han protagonitzat el procés juntament amb uns empresaris nous i una part de les famílies tradicionals». No són únicament els alts funcionaris la novetat d'aquesta elit incipient, també ho és la connivència del poder executiu amb l'empresarial.

La família de constructors Sumarroca és un dels exponents d'aquest nou predomini entre la nostra classe alta. Els Sumarroca no passen pel seu millor moment, però durant els darrers anys van ser-ne el paradigma. A Jordi Sumarroca l'he tractat tres vegades, i en totes aquestes ocasions ha estat una persona amable i cordial. La primera vegada que vaig poder saludar-lo va ser en un acte a la seu de la Comissió Europea a Barcelona, on ell hi era com a cònsol honorari de Lituània. Els països bàltics sempre han gaudit de bona premsa entre el nacionalisme català, i tenia tota la lògica que el 2012, quan es va inaugurar el consolat de Lituània a Barcelona, el títol fos per al fill d'una família vinculada als Pujol. Durant dècades, Jordi Pujol va criticar la manca d'implicació nacional de la burgesia barcelonina al mateix temps que unes poques famílies aprofitaven aquesta crida patriòtica i creixien a recer del president de la Generalitat.

La segona oportunitat en què vaig parlar amb Sumarroca va ser en la inauguració d'un club social, el Club Churchill, del qual ell n'era un dels promotors. El Churchill era un espai sobretot per a homes, un local a Sant Gervasi on organitzar àpats privats, tastar whiskys, fumar cigars i mirar els partits del Barça. Aquell vespre d'estrena, un home se'm va acostar per amonestar-me sobre el contingut de la meva novel·la *El cau del conill*. Ja havia tractat amb l'individu en qüestió en alguna altra ocasió, en algun esdeveniment polític –era militant de Convergència. Lamentava, el personatge, que fes befa de la nostra burgesia però no dels obrers de Sant Adrià de Besòs. Vaig escriure un article sobre l'escena i Sumarroca va trucar-me per disculpar-se.

La darrera vegada que vaig coincidir amb ell va ser durant la graduació de la meva altra germana, també al Sant Ignasi i un parell d'anys després de la mort d'en Manuel. La seva filla era companya de classe de la meva germana. Vam encaixar les mans breument a l'entrada del noble auditori del col·legi. Vaig preguntar als meus familiars com es deia aquell senyor, perquè no queia en qui era, i quan m'ho van dir vaig comentar que aquesta persona podria acabar a la presó per un cas de presumpte finançament irregular de CDC. La reacció dels meus acompanyants va ser riure, literalment, com volent deixar clar allò que «això no passa al Sant Ignasi». Va ser detingut un mes i mig més tard.

L'empresariat barceloní amb el qual vaig créixer no volia saber res de l'administració pública, i molt menys dels polítics. Si no vols pols, no vagis a l'era. *Quien se acuesta con niños, amanece mojado*; que els ho diguin als Sumarroca. La iniciativa privada era veritablement privada. Per mi era impensable que aquest o aquell empresari del meu entorn licités per un subsidi o una adjudicació pública. Fer amistat amb un polític, fos un conseller o un regidor, era una cosa excepcional. Que un membre de la teva família volgués entrar en política era vist com una desgràcia, una font de problemes, interpretació que probablement era herència del franquisme. Qui es feia polític, podia considerar-se el fill esgarriat.

La nova elit barcelonina ara no té miraments per fer caixa amb l'administració pública i per deixar-se veure amb la patum política. La família Font, propietaris de la cadena de supermercats Bon Preu, no té cap inconvenient a implicar-se en la causa independentista; Ferran Rodés, l'editor del diari *Ara* i empresari del sector de la publicitat –conegut pels seus amics de sempre com Fernando–, ha estat assessor d'Artur Mas i va embarcar-se amb José Manuel Entrecanales en una croada contra Agbar per guanyar la privatització de l'empresa que subministra aigua a l'àrea metropolitana de Barcelona. Rodés es va enfrontar a Godó –fundant el diari *Ara*– i a La Caixa –accionista de referència d'Agbar–, un fet inaudit a l'oasi català dels darrers trenta anys i que si ha reeixit és en bona part gràcies a la bona sintonia amb la Generalitat.

Una de les veritats que aprens quan vius a l'estranger és que, malauradament, el nacionalisme no es cura viatjant. He conegut nacionalistes de totes les tribus, defensors furibunds de la seva pàtria a milers de quilòmetres d'ella. George Orwell va copsar això a la novel·la *Dies a Birmània*, una excel·lent obra inspirada en la seva experiència com a militar de les forces britàniques colonials a Àsia i com a observador de compatriotes que eren esgarrifosament nacionalistes i abanderats d'una superioritat identitària: «Ellis era un home intel·ligent i un empleat molt capacitat, però era un d'aquells anglesos –malauradament habituals– a qui no se'ls hauria de permetre mai posar un peu a l'Est».

El nacionalisme no es cura viatjant, però viatjar sí que pot aportar una mica de refinament. Víctor Grífols, el president de la farmacèutica Grífols, és un reconegut sobiranista. El 2014 va ser notícia perquè va demanar públicament a Artur Mas que no defallís en l'organització d'un referèndum d'autodeterminació. La seva companyia és un dels referents mundials en el seu àmbit, el dels hemoderivats, amb un pes notable als Estats Units, on té el 80% de la producció. Grífols és un home educat i discret en el sentit més burgès de la paraula, però si ha destacat en el debat públic a Catalunya –i això el diferencia dels seus predecessors en el sector farmacèutic– ha estat per reclamar reiteradament el referèndum.

Grífols tampoc no ha assumit un rol de pal de paller, i el seu cas és especialment cridaner, com el de Sol Daurella, perquè tindria el perfil per actuar com a moderador. En aquest sentit són talents perduts perquè, com ja s'ha exposat en aquest llibre anteriorment, entre les noves elits no hi ha voluntat de reparar la fractura.

Un altre home del nacionalisme català que s'ha fet un nom en els negocis internacionals és Víctor Font. Fundador d'un fons d'inversió amb especial activitat als Emirats Àrabs, és conegut pel gran públic per haver-se presentat a la presidència del Barça a les darreres eleccions del club. Font és també accionista del diari *Ara* i és obertament independentista. Però té un tarannà assenyat, lluny de les excentricitats de presidents de clubs de futbol i empresaris com el seu rival Joan Laporta. Però aquest refinament, probablement mamat a casa i reforçat per haver voltat món, no amaga que a tots dos, Font i Laporta, els uneix ser referents d'un nou liberalisme econòmic desacomplexadament independentista, proper al poder polític i que ha copsat el canvi d'era a Catalunya.

Qui il·lustra millor aquest canvi en el guió a les elits econòmiques és Joan Canadell. L'actitud de Canadell té poc a veure amb la de Font o Grífols. Canadell és un nacionalista radical, xenòfob amb Espanya i els espanyols, que va arribar al cim de la societat civil barcelonina per la seva afinitat amb Junts per Catalunya, el partit de Carles Puigdemont. La seva gran aportació al teixit empresarial català ha estat invertir en Petrolis Independents, una cadena de benzineres de baix cost que ha consolidat un petit nínxol de mercat captant clients independentistes, gràcies que es promou com a finançadora de patums nacionalistes de tota mena. Canadell també és un dels fundadors del Cercle Català de Negocis (CCN), un centre d'estudis ultranacionalista que es va constituir per ser una mena de contrapoder del Cercle d'Economia. El company d'aventures de Canadell al CCN va ser candidat a les darreres eleccions al parlament de Catalunya per l'ultradretà Front Nacional Català.

Canadell és un fanàtic que ha arribat lluny a Junts –fins al punt de ser el número dos de la llista electoral i tenir serioses opcions de ser conseller– però encara més lluny ha arribat com a representant de l'empresariat barceloní: el 2019, en una victòria electoral aclaparadora, va ser elegit president de la Cambra de Comerç de Barcelona. Un nou decret llei permetia que tothom que es considera empresari, els autònoms sobretot, pogués votar a les eleccions de les cambres de comerç. L'Assemblea Nacional Catalana, entitat civil del nacionalisme català, va mobilitzar els seus simpatitzants –té prop de 45.000 socis– a favor de la candidatura de Canadell. El resultat va ser un èxit de participació i un triomf incontestable.

A Canadell s'hi enfrontava electoralment un pal de paller, Enric Crous. Ex director general de Mercabarna, de la Fira de Barcelona i del grup d'alimentació i begudes Damm, Crous ha acumulat un bagatge inigualable de relació amb l'empresariat, la política i la societat civil.

Crous havia demostrat, a més a més, que podia fer coincidir en interessos els sectors més progressistes de Catalunya –Damm és un dels màxims promotors d'esdeveniments culturals del país– amb la família propietària de la cervesera, els Carceller, un llinatge industrial fidel a la dreta espanyola i que va créixer en connivència amb el franquisme. Per presidir la Cambra, Crous va formar un equip on hi havia independentistes i no independentistes, gent jove i gent experimentada, però sobretot, persones de perfil moderat. La seva contundent derrota semblava inevitable en un context en què les elits han renunciat a trobar interessos comuns.

El resultat és que Barcelona ha tingut un president de la Cambra de Comerç que el febrer passat, el mateix dia que unes protestes per l'empresonament del raper Pablo Hasél desembocaven en la vandalització de mig passeig de Gràcia, amb dues setmanes d'aldarulls, en comptes de defensar els comerços afectats, escrivia que l'actitud de la policia era una vergonya. En un món on imperés la lògica, el president de la Cambra de Comerç lamentaria els desperfectes i donaria suport als empresaris afectats. A la Catalunya del segle XXI, el president de la Cambra de Comerç de Barcelona assumeix el discurs de la CUP.

* * *

L'experiència més abracadabrant que he tingut amb les elits nacionalistes hegemòniques és una història que en si mateixa dona per a un llibre. Els fets van produir-se l'any 2011 i van començar amb un article de l'actriu Sílvia Bel al diari *Ara*. Bel relatava una trobada nocturna, selecta i amb característiques gairebé de secta –segons la descripció que en feia Bel– en una casa de la zona alta de Barcelona. Entre els personatges de renom d'aquesta nova elit destacava un veterinari que va aparèixer de la cuina amb unes dosis d'un elixir que, segons ell, garantia la vida eterna. El veterinari, Joan Cunill, va respondre a la columna de Bel amb una carta al director en què confirmava que havia inventat un producte a partir de l'embrió de l'ou que, pres amb constància, et permetia viure per sempre sent jove.

El doctor Cunill té la clínica veterinària a Major de Sarrià. Fascinat per l'intercanvi de parers entre ell i Bel a través de les pàgines de l'*Ara*, vaig demanar d'entrevistar-lo perquè m'expliqués de què anava tot plegat. De seguida vaig comprovar que, més que la validesa científica de la seva potinga, el que hi havia per explicar era una crònica social de primera. A la consulta, mentre esperava, anaven i venien senyores del barri amb la mirada i l'actitud emboirada i artificialment relaxada característica de l'Orfidal. Amb una mà estiraven el gos i amb l'altra s'emportaven les dosis de l'elixir de la vida eterna que el senyor Cunill preparava allà mateix. De la trobada amb

Cunill i posteriors entrevistes van sortir publicats el 2011 a l'*Ara* dos articles que reprodueixo en part:

Primer article:

Al carrer Major de Sarrià hi ha la clínica veterinària on Joan Cunill, veterinari i expert en embriologia, elabora «l'elixir d'ou», un complement nutricional amb què ell garanteix que es pot viure eternament. Assegut a la seva consulta, insensible a la fortor dels animals que són tractats allí, amb un posat tranquil i seriós, Cunill m'assegura: «Si et prens l'elixir diàriament, viuràs eternament amb el mateix aspecte que tens ara, el d'un home sa de trentatres anys». En escoltar això, la reacció natural és de perplexitat. Però el seu invent, encara en proves, assegura que ja l'estan consumint sis-centes persones, moltes d'elles famosos de la societat catalana i espanyola.

Anna Garriga és una de les més destacades relacions públiques de Barcelona i la sòcia de Cunill en el projecte de comercialització de «l'elixir d'ou» –o Excelsium, encara no han decidit quin dels dos noms serà la marca comercial–. Mentre Cunill em descriu com han estat els anys d'experimentació, Garriga prepara una capsa isotèrmica on empaqueta una seixantena de dosis de l'elixir que ha de portar a una de les seves clientes de referència, Diana Garrigosa, la dona de l'expresident Pasqual Maragall.

«Fa cosa d'un any que m'ho prenc i puc dir que he recuperat molta energia. El meu marit no s'ho vol prendre;

potser els homes són més incrèduls. Quan puc, li cuino alguna cosa amb l'Excelsium, però poques vegades menja a casa. És una llàstima», explica Garrigosa. Qüestionada per si creu que l'elixir pot fer viure eternament, Garrigosa somriu i conclou que ella no vol ser eterna: «Hi ha un moment en què et canses».

El Dr. Jekyll

La història de «l'elixir d'ou» apareix a la llum pública amb un article que l'actriu Sílvia Bel va publicar a l'edició de l'*Ara* del 25 de març: «Segons aquesta persona [Cunill] i tantes d'altres que el secundaven en aquella mateixa festa d'alta *alcurnia* barcelonina, el seu invent meravellós és capaç de frenar radicalment l'envelliment. [...] De mica en mica he sabut que hi ha persones que paguen un dineral per aquestes diguem-ne xeringues bevibles de l'eterna joventut. Jo mateixa en tinc una bossa al meu congelador, que per cert ja deu haver caducat, regalada pel mateix Dr. Jekyll en un intent fallit d'eternitzar-me». Uns dies més tard, la redacció de l'*Ara* va rebre una carta firmada per «Joan Cunill Aixelà (veterinari)»: «Jo soc Dr. Jekyll. Certament el senyor Punset té raó: "No està escrit enlloc que m'hagi de morir". En el codi genètic només està escrita la mort cel·lular programada, no la mort de tot l'organisme pluricel·lular. [...] Per aconseguir aquesta fita, com molt bé va entendre Sílvia Bel, cal que el nombre de cèl·lules que perdem per la mort cel·lular es regenerin constantment restaurant l'harmonia cel·lular i funcional perduda. I això ho aconseguirem mitjançant el *pool* de proteïnes reguladores del creixement que busquem en l'elixir d'ou».

Burgesia i poderosos

Joan Cunill és un veterinari de la part alta de Barcelona especialment reconegut per les seves investigacions en la lluita contra el brom (*moquillo*). La seva família és coneguda per la marca d'orfebreria Cunill, fundada el 1916 per Pedro Cunill Vidal. Cunill és el que se'n diu una marca «de tota la vida» per guarnir les cases benestants de Catalunya. Anna Garriga està vinculada per amistat i família amb els més importants polítics i empresaris del país. Tots aquests contactes i els problemes de salut que tots dos han patit els van motivar a ser, ja fa més de vuit anys, «els primers animals amb dues potes que van experimentar amb l'Excelsium», diu Garriga.

Després de vuit anys experimentant amb animals que eren tractats a la clínica, ara ja en fa quatre que ho proven éssers humans. Cunill assegura que produeix actualment 20.000 unitats mensuals de 6 mil·lilitres per a unes 600 persones, la majoria de Catalunya però també d'Espanya i fins i tot d'altres països. Gràcies al boca-orella entre aquests clients hi hauria empresaris, figures de les més altes instàncies polítiques catalanes, del món de la cultura i també membres de l'equip tècnic del Barça.

Garriga té un càncer de pulmó i assegura que la seva vitalitat i el fet de no tenir efectes secundaris pel tractament contra el càncer són resultat de les deu dosis diàries que pren de l'elixir. Cunill, de cinquanta anys, explica que fa una dècada, just abans de començar a prendre's les primeres proves de l'elixir, era gras i calb; avui és tot el contrari.

Segon article:

La comunitat científica ha rebut amb escepticisme el reportatge publicat a l'*Ara* del 10 d'abril sobre els possibles efectes antiinflamatoris i antienvelliment del component alimentari que estaria causant furor entre les classes benestants catalanes. Però el pare científic de l'elixir d'ou, el veterinari Joan Cunill, va assegurar ahir que dos metges de la Clínica Teknon i de la Dexeus es van presentar a primera hora del matí a la seva clínica veterinària per parlar del seu producte. «S'ha creat una gran expectativa. Avui ja n'hem produït prop de vuit-centes unitats» –la producció mensual habitual és de vint mil dosis.

El món acadèmic està a l'espera dels informes de conclusions de Nutren, l'empresa de la Universitat de Lleida que està treballant la descripció científica necessària perquè l'Excelsium sigui aprovat comercialment a la UE com a producte d'alimentació especial, sota el segell *novel food*. Mentrestant, la companyia que desenvolupa l'Excelsium, propietat de Cunill i la seva sòcia, l'empresària i relacions públiques Anna Garriga, rep el suport d'alguns metges i personalitats que han experimentat amb l'elixir d'ou. Helena Rakosnik, dona del president de la Generalitat, Artur Mas, va confirmar ahir que fa quatre anys que s'ho pren: «M'aporta vitalitat i unes energies suplementàries que m'han demostrat que tenen un efecte en persones sanes que no és placebo». Marmen Tapia, dona del prestigiós cirurgià plàstic Antonio Tapia, també confessa consumir de tres a quatre dosis d'Excelsium al dia des de fa més de dos anys: «Em sento molt àgil; patia d'artrosi i ara s'ha aturat. Puc portar tacons i que no em faci mal l'esquena». Marmen Tapia explica que s'ho prenen altres metges de l'Institut Tapia de cirurgia plàstica i estètica, i que el seu marit ho havia consumit però que, per mandra, ho ha abandonat durant un temps.

Aquestes informacions van portar cua: la majoria ho va entendre com el que pretenia ser, un reportatge sobre una moda entre persones benestants de la ciutat; els crítics van considerar que això era una informació científica per donar conèixer al món un producte miraculós; al meu pare li interessava saber quants diners costava sortir així en un diari; al cap de premsa d'Artur Mas només li interessava desmentir que la dona del president hagués dit allò. A Cunill el que li interessava era rebre l'autorització per distribuir l'Excelsium en farmàcies.

El millor, com sempre, va ser el rerefons de la meva recerca. A un parell dels promotors de l'elixir els vaig caure en gràcia i em van voler introduir en una associació secreta, una mena de col·lectiu d'empresaris nacionalistes. Em van convidar a un sopar del grup, en un menjador privat del passeig de Gràcia. Evidentment ho vaig acceptar, per neguit periodístic i literari. Hi havia una dotzena de persones, entre elles el president d'una gran empresa catalana d'autocars de línia, el propietari d'una gran cadena de joieries, el president Maragall i senyora, Diana Garrigosa, una consellera de la Generalitat, Cunill i la seva sòcia, entre d'altres. El col·lectiu es feia anomenar Drac Català, o algun nom similar i fàcil d'oblidar. Es parlava sobretot de política, això segur, però de la resta d'assumptes no en guardo cap record perquè vaig ser víctima d'un assetjament sexual que em va esborrar la capacitat d'enteniment. Una de les amfitriones del conclave va intentar fer peuets amb mi tota la nit, amb la consellera al meu costat, tots dos mirant de dissimular, perquè l'assetjadora en algun moment s'estirava com un nen petit per sota la taula per mirar de posar-me el peu al paquet mentre jo feia retrocedir la cadira. Vaig donar l'espectacle per acabat quan la senyora, completament beguda, es va aixecar per morrejar-me. Em vaig alçar de la taula i amb alguna excusa inajornable –«m'he deixat el foc de la cuina encès» o «m'acaben de comunicar que ha caigut un meteorit a casa dels meus pares», no ho recordo– vaig fotre el camp del sopar del Drac Català, mig emprenyat i mig satisfet de confirmar que al cap i a la fi les coses no canviarien tant i que les noves elits barcelonines podien ser tan desgraciades com les d'abans.

Decadència

No tinc millor exemple per concloure aquesta elegia al vell món de l'ordre barceloní que la pròpia història familiar, paradigma del declivi. Començaré pels inicis: el rebesavi patern va fundar uns laboratoris de perfumeria; això va ser a finals del segle XIX, era una de les empreses més antigues del ram a Espanya. Encara als anys cinquanta era una de les companyies espanyoles més grans del sector. Arriben els anys vuitanta amb la globalització i es tanca la producció pròpia. Amb la crisi del 2008 arriba la mort definitiva i física de la companyia, tot i que per mi la defunció espiritual va produir-se uns anys abans, durant el boom immobiliari. Feia prop de dues dècades que no hi havia activitat industrial a la vella fàbrica Segura, un edifici industrial de totxo vermell de principis de segle XX, al carrer Àngel Guimerà cantonada amb General Mitre. Durant anys va ser rellogada a l'empresa de neteja Focsa perquè hi aparqués els camions d'escombraries del barri. A vegades de petit hi passava pel davant i la fortor de merda que sortia de dins era terrible. Però tot i això pensava, orgullós, que allò era «nostre». Amb el moment de màxim esplendor de la construcció, els besnets del fundador van enderrocar la fàbrica per construir-hi un edifici d'apartaments, uns pisos preciosos però exactament iguals que els del bloc del costat, i que els d'una mica més enllà i que els que hi ha a l'altra banda de General Mitre. La fi d'una era industrial donava pas a una dolça evaporació del patrimoni.

Un besavi per part de mare va fundar una empresa de components elèctrics. En aquest cas el desastre va ser més precipitat perquè els seus successors van inaugurar una fàbrica a finals de la dècada dels noranta, quan els productes que produïen ja eren cent vegades més barats si s'importaven de la Xina. Uns anys més tard, l'empresa va caure pel pedregar. Per això sento un gran respecte pels que no només sobreviuen sinó que creixen; pels Puig, per exemple, o pels Lara, per la família dels sanitaris Roca o pels de Simón –quan escric aquestes línies rebo l'alerta a internet que els Palatchi s'han venut Pronovias a un fons d'inversió britànic per 550 milions d'euros: una osca al mural dels caiguts, un patrimoni més per polir-se.

Si la generació dels meus pares va assumir el paper d'enterramorts, la dels meus avis és la que va gaudir-ho en la seva màxima esplendor. I s'ho mereixien. Els meus dos avis van combatre a la Guerra Civil, amb el bàndol republicà, reclutats amb la lleva del biberó. El meu avi patern va lluitar a primera línia de foc, i el meu avi matern, metge, va servir en batallons sanitaris i va poder viure el final del conflicte des de Barcelona. El meu avi patern va tornar del camp de batalla enormement colpit, segons va explicar-me la meva àvia. Ell no va distingir-se mai per cap posicionament polític o nacional, és a dir, era un home d'ordre com cal. El meu avi matern, metge de prestigi i intel·lectual de cert renom durant el franquisme, mantenia de jove idees clarament republicanes i catalanistes, fins que es va perdre la guerra. Quan Franco arriba al poder, els meus dos avis no van dubtar a celebrar el silenci i la pau que es va imposar.

L'entrellat d'aquest pragmatisme, però, no és tan fàcil d'explicar. L'avi patern, una persona d'esperit empresarial pur, era absolutament apolític. Tot i això, hi havia una voluntat familiar de mantenir la identitat que venia de lluny i per això els avis parlaven català entre ells. No és una qüestió qualsevol, tenint en compte que moltes famílies del món de l'ordre barceloní van abandonar el català i van adoptar el castellà. Amb l'avi matern, el pragmatisme familiar encara era més complex. Metge i intel·lectual, l'avi havia estat un republicà convençut. Durant el franquisme comprava el *Cavall Fort* a les seves filles i els deia que havien d'emprar «la bona parla» –el català– a casa. Era amic d'un sobiranista com el doctor Moisès Broggi, va ser el successor de la fundació que l'avi presidia quan aquest va morir. Però això era només un aspecte de la seva conducta: el meu avi lloava Franco, lluïa al despatx la imatge d'una audiència seva amb el Generalísimo, o fotos de congressos organitzats per ell –amb científics arribats d'arreu d'Occident– i presidits per Joan Carles I, aleshores príncep. L'avi havia fet amistat amb Fraga; l'endemà de morir, la meva àvia va rebre una nota d'Alfonso Armada. I tot i això, el primer cop que vaig sentir a algú dir –a principis dels noranta– que l'única sortida que tenia Espanya per sobreviure era convertir-se en un Estat confederal, va ser al meu avi.

La meva àvia materna continua sent la veu d'aquella època. L'any 2016, Betevé va emetre una notícia recordant la primera fàbrica familiar de material elèctric, al barri del Coll; entre les imatges incloses en la informació hi apareixia una foto dels anys seixanta, on el besavi, envoltat de familiars i treballadors, celebrava el seu aniversari; de fons, aplaudint i somrient, hi vam distingir l'àvia. La seva cara era de satisfacció davant d'allò que en deien «la pau social». Els seus pares eren catalanistes convençuts i alegres ciutadans de la República, fins que esclata la guerra, els expropien i la seva masia a Sant Feliu de Codines és ocupada per l'exèrcit. La meva àvia mai oblidarà el dia que va arribar la retirada: els soldats van fer explotar una casa contigua, la dels masovers, que utilitzaven com a polvorí. No van morir de miracle.

Ella, els seus pares, els meus avis, tots van acceptar l'*statu quo* de la dictadura perquè venien d'un trencament traumàtic. No li diguis a la meva àvia que el franquisme va ser un infern; no és la seva experiència. Les generacions que en democràcia han qüestionat el franquisme, sigui des de l'hegemonia socialista amb Zapatero, o des de l'hegemonia del nacionalisme català, a l'àvia li han generat un trasbalsament intern, un conflicte entre allò que ella creu i que va experimentar i les noves realitats. Ella s'hi ha anat adaptant, ves quin remei. Per això, quan alguna vegada havia amenaçat amb cancel·lar la subscripció a *La Vanguardia*, quan aquest diari havia fet la gara-gara a la Generalitat independentista, en pocs dies li passava el cabrot. Com no ha de perdonar la meva àvia *La Vanguardia*, un diari on, malgrat tot, continua llegint notícies com a aquesta, publicada durant l'onada de fred del desembre del 2020:

Barcelona, sin leña.

Barcelona no es Detroit ni Moscú pero pasa también sus días de frío, como está sucediendo esta semana, no tanto por los grados Celsius como por la combinación de humedad y vientos gélidos. Si a este factor le sumanos que muchas familias no han podido escaparse a las segundas residencias [a causa dels confinaments municipals durant la pandèmia de la covid-19], *como era habitual en estas fechas, tenemos un resultado curioso: ayer era casi imposible en la capital catalana encontrar leña para las chimeneas domésticas. Las estaciones de gasolina han agotado los paquetes de leña y las contadas empresas que suministran a domicilio ya no daban más de sí ayer.* «*Lo sentimos mucho, pero hasta el próximo lunes día* 4 *no podemos llevarle leña a su domicilio. La demanda se ha disparado espectacularmente, imposible*», *señalaba ayer una empresa.*

Els barcelonins, doncs, van liquidar les existències de llenya per a les llars de foc que tenen als seus espaiosos domicilis. Només si has mamat des de ben petit *La Vanguardia,* pots entendre informacions com aquesta.

* * *

El declivi i l'orgull contingut de l'àvia s'entenen millor amb aquests versos de Gil de Biedma:

¡Oh mundo de mi infancia, cuya mitología
se asocia –bien lo veo–
con el capitalismo de empresa familiar!
Era ya un poco tarde,

incluso en Cataluña, pero la pax *burguesa*
reinaba en los hogares y en las fábricas,
sobre todo en las fábricas –Rusia estaba muy lejos
y muy lejos Detroit.
Algo de aquel momento queda en estos palacios
y en estas perspectivas desiertas bajo el sol,
cuyo destino ya nadie recuerda.
Todo fue una ilusión, envejecida
como la maquinaria de sus fábricas,
o como la casa en Sitges, o en Caldetas,
heredada también por el hijo mayor.

La paradoxa és que jo també em sento identificat amb aquests versos. Hi veig la meva àvia i el seu món desaparegut però també m'hi veig jo, ara que s'esfondra la realitat on vaig créixer. Constantment rebo senyals de la desfeta. A la meva edat els meus pares tenien segones residències, un parell de cotxes, minyones i gos. Jo no tinc patrimoni, no tinc res de propietat. La constant general és la desaparició d'allò que s'ha aconseguit, uns més ràpid, d'altres més lentament. Però no és una qüestió merament material; aquest llibre ha tractat sobretot d'exposar la desfeta d'una hegemonia i d'una mentalitat. Un exemple qualsevol: conservo un joc de llençols amb les inicials del meu pare brodades. Fa poc, mentre el treia de la rentadora, vaig adonar-me que jo no tindria mai uns llençols amb les meves inicials. Fer-me-les brodar ni és complicat ni és car, però què haig de fer? Me les brodo en uns llençols de l'Ikea? El més important és que no tinc la mentalitat dels meus pares i avis: la seva voluntat de prevaldre, de continuar un esquema social, s'ha esvaït. Fa tres anys que vaig deixar de viure a Sarrià, no m'ho podia permetre. Sempre havia residit en aquest districte: la infància i joventut a les Tres Torres, l'edat adulta a Sarrià. Els diners canvien de mans, els privilegis passen d'uns a altres.

Una tarda, no fa gaire, vaig aturar-me amb una coneguda per fer una copa en un restaurant que hi ha al carrer Déu i Mata, davant l'antiga Vaquería. La Vaquería era un restaurant i també piano-bar, jo hi anava sovint a fer el menú de migdia quan exercia de periodista econòmic. Era un lloc que només d'entrar-hi em resultava familiar. Per «familiar» em refereixo a una manera de fer que ja havia vist en el meu entorn durant anys i panys: en havent dinat, La Vaquería es convertia en un club de fumadors de cigars i bevedors de whisky, d'homes amb aspecte de senador romà: panxa ben cultivada, no pas deixada sinó producte d'una vida plàcida; bronzejats de cap de setmana navegant amb la barca per la Costa Brava, cansament físic moderat, plaent, d'haver consumit el migdia a la piscina del gimnàs Arsenal, o fent una partida de pàdel o suant a la sauna. Allà dins, amb un dòmino o jugant a cartes, aquells homes aprofitaven el temps lliure que tenien gràcies a les seves rendes i, de passada, esquivaven hores de convivència amb les seves senyores.

La Vaquería era propietat d'Ignacio Ribó, *pater* de la nit de la *gente bien* de la dècada dels setanta. Ribó va fundar amb Oriol Regàs les discoteques Up&Down i Regine's, i al carrer Beethoven amb Bori i Fontestà va muntar Ribellino's –tots aquests locals, en zones d'ordre. La Vaquería havia estat dissenyada per Estrella Salietti, cèlebre interiorista de l'elit local. Salietti és la disbauxa del *dolce far molto*, la hiperactivitat del *pijoloco*, com explicava ella mateixa en una entrevista del 2015 a *Economía Digital*: «He treballat molt i ho continuo fent, però no sé els diners que he guanyat. Em diu Ramon Bordas que soc una bohèmia [nota: els germans Bordas, empresaris de la nit, són el relleu contemporani d'Ignacio Ribó i companyia: mateix bronzejat i renom, però més joves]. No he hagut de demanar mai un duro a cap de les meves parelles i sempre he mantingut els meus fills, però tinc la impressió que visc mantinguda: és l'educació clàssica, d'abans, que encara perviu al meu interior. [...] A mi m'encanta el luxe, clar, i soc una malbaratadora, però se'n riuen perquè deixo la bossa tirada a qualsevol obra, i hi porto dins la Visa Or. Bah! Si no fos pels meus marits no hauria ni inscrit els meus fills al registre, aquestes coses són un avorriment».

Tot encaixa, no hi falta ningú. Per molta gent, aquests noms, persones o locals sonen remotament, però si has crescut entre les seves creacions, si te'ls has trobat fent el pipa en alguna *soirée* social, acaben formant part del teu imaginari social. Per això, quan Up&Down tanca i es converteix en un gimnàs de la cadena DiR, no és una pèrdua qualsevol: els primers San Francisco i les primeres intrusions en el noble art de lligar les vaig fer allà, a la sala de baix, la dels menors d'edat.

Els Ribó són el paradigma de família de l'ordre de Barcelona: fills d'un agent de borsa que va ser secretari del líder de la Lliga Francesc Cambó, hi ha el germà fester, hi ha el germà seriós i empresari, i també el germà *pijoprogre*, Rafael Ribó. Rafael Ribó liderava els hereus del PSUC mentre fumava cigars de vint euros a la seva segona residència de la Cerdanya; avui és un heroi de l'independentisme com a síndic de greuges.

Per tot això, aquell dia de principis del 2017 hauria preferit fer aquella copa a La Vaquería, però ja no existia i vaig optar pel restaurant que hi ha al davant. Vaig seure a la barra i sense tenir temps per demanar se'ns va acostar un tipus d'uns cinquanta anys visiblement alcoholitzat. Hi ha molts tipus de borratxo, però el pitjor de tots és el *pelma*. Aquest era un pesat que volia explicar-te com solucionar el món i de pas la seva desgràcia de vida; la devaluació d'aquest individu va arribar fins a l'extrem d'ensenyar-me una foto de la seva filla adolescent posant en banyador afegint el comentari «está buena, ¿eh?». La nena volia ser model. El borratxo, a més de plom, estava més sortit que un mico. Anava d'una banda a l'altra de la barra tirant la canya a tota femella que s'hi acostés. Era una desferra humana. Ens va cantar tots els seus cognoms insignes, avantpassats aristòcrates i grans empresaris, fins i tot va sortir-hi Salvador Espriu. Desbarrava contra l'independentisme amb ràbia, passava d'un idioma a un altre per demostrar que ell era tan cosmopolita com Ban Ki-moon i tan català com Pompeu Fabra, i ho combinava mostrant missatges de mòbil de suposats amics seus que tancaven operacions milionàries. Era un fatxenda, però era real, no mentia, teníem coneguts en comú. Era un home desorientat i sobretot era un ésser decadent d'un món en decadència; un cap de tribu índia que ha venut les terres de la reserva a un casino i s'autodestrueix passant el dia i la nit en licoreries de mala mort.

EPÍLEG

La desfeta

El 20 de setembre del 2017 va ser el dia que el món de l'ordre es va esfondrar de forma definitiva. Hi ha moltes efemèrides anteriors i posteriors, vinculades al circ de la independència, que podrien servir com a senyal de no retorn, però el que es va produir el 20 de setembre va trencar amb els esquemes del que se suposa que són l'actitud i els interessos d'un col·lectiu notablement benestant.

El jutge d'instrucció número 13 de Barcelona va ordenar de bon matí l'escorcoll de diverses seus de la Generalitat i l'arrest de catorze empleats i alts càrrecs de l'administració catalana. L'Assemblea Nacional Catalana (ANC), Òmnium Cultural i els partits sobiranistes van cridar la ciutadania a manifestar-se davant dels edificis on s'estava duent a terme l'operatiu judicial. Milers de persones es van concentrar davant la seu del Departament d'Economia, a la rambla de Catalunya. Entre aquestes persones també hi havia, i jo en vaig ser testimoni, una considerable representació de veïns dels barris més rics de la ciutat. Adults i joves amb la minyona esperant a casa perquè tornessin de fer la revolució per servir-los el sopar i, a més a més, amb la urgència d'escollir a quina de les seves cases d'estiueig passarien l'imminent pont de la Mercè. Aquests també van desfilar pel Departament d'Economia per protestar contra una acció de la justícia i del poder de l'Estat i, el que és més fascinant, per plantar cara contra l'arrest de polítics. I de polítics d'Esquerra Republicana.

Fins no fa gaire, un polític era per a aquest substrat social un individu que era menyspreat i que era vist amb desconfiança. Un polític nacionalista i d'esquerres era per fugir cames ajudeu-me. Els grups conservadors són conservadors precisament perquè l'autoritat, la llei i l'ordre són els seus aliats. Per il·lustrar-ho d'alguna manera, el que va passar entre el setembre i el novembre del 2017 en aquest col·lectiu burgès seria com si en un viatge pel riu Nil desembarqueu en un port on els vilatans tenen fama de ser els més devots de l'islam, però descobriu la plaça del poble de gom a gom celebrant la matança del porc i cuinant botifarres.

Hi ha una acta del Tribunal Suprem del 5 de gener del 2018 sobre l'empresonament preventiu del vicepresident Oriol Junqueras que no només hauria de coincidir amb el punt de vista de les persones d'ordre de Barcelona sinó que les hauria d'acollonir; la realitat va ser exactament la contrària:

> *Actuando de esta forma, el recurrente y los demás partícipes, en ejecución de su plan y acudiendo a vías de hecho, se han alzado contra el Estado español, contra la Constitución, contra el Estatuto de Autonomía de esa Comunidad y contra el resto del ordenamiento jurídico. Este comportamiento, lejos de admitir cualquier banalización en su significado, constituye un hecho ilegítimo, gravísimo en un Estado democrático de Derecho [...] Constituye una conducta de extraordinaria gravedad incitar a varios millones de ciudadanos a que acudan a votar ilegalmente a sabiendas de que se van a encontrar necesariamente con la oposición física de los agentes policiales que, en representación del Estado de Derecho, van a actuar con el único fin de asegurar el cumplimiento de sus normas más elementales y de las sentencias del Tribunal Constitucional que han ordenado su cumplimiento. No solo porque la referida conducta supone prescindir de las reglas democráticas para intentar imponer por la fuerza las propias ideas, sino también por el desasosiego y la intranquilidad que causa en la ciudadanía, dentro y fuera de Cataluña, que confía en el imperio de la ley.*

Si els paràmetres de la lògica del grup social que retrata aquest llibre van saltar pels aires el 20 de setembre, el seu rèquiem es va interpretar l'1 d'octubre. Les imatges de la policia atonyinant patriotes que protegien les urnes van provocar una deserció massiva entre les files de la reserva de l'ordre. El resultat van ser cues interminables a les meses electorals de Santa Cecília, de la Via Augusta, de Sarrià, de Sant Gervasi i de Sant Cugat per votar en un referèndum manifestament il·legal. Puc dic el nom d'una desena de persones properes a mi que a les eleccions del 21 de desembre del 2017 van votar per Ciutadans i pel PSC, però que l'1 d'octubre van decidir participar en una consulta que explícitament s'havia convocat per declarar la independència. Tot plegat és la plasmació d'una manca de fonaments tan gran que fins i tot els últims tòtems de l'ordre van decidir partir peres amb el país, i de manera especial amb els seus antics companys de la reserva. El Banc Sabadell, CaixaBank i les seves participades van traslladar la seu social i fiscal fora de Catalunya. El temps demostrarà la transcendència d'aquest moviment. Catalunya ja no té sistema bancari propi: aquell sistema bancari ha mostrat que la seva fidelitat és amb Espanya. És un gest que marca una distància insalvable amb els quatre gats amb poder que encara quedaven entre la vella burgesia barcelonina.

La Caixa va partir peres amb el seu client prototípic català, Víctor Sauler Portal, el nom de ficció que als anuncis del banc és el titular de totes les seves targetes.

Utilitzaré el nom de Víctor Sauler Portal per descriure una persona del meu entorn que entre l'11 de setembre del 2017 i fins a la declaració d'independència no es va perdre cap mobilització ni patum convocada per l'ANC. És un senyor empresari, soci dels grans clubs esportius de la ciutat, amb dues segones residències –mar i muntanya– i domicili a Sant Gervasi. Mig jubilat, és a dir, esperonat pel temps lliure, va protestar el 20 de setembre davant la Conselleria d'Economia –poca estona, tot s'ha de dir, i en un raconet discret–, exigint que deixessin anar el director general d'Hisenda de la Generalitat –persona de la qual el meu Víctor Sauler no en coneixia ni en coneix el nom, desconeixement que en altres moments de la seva vida hauria estat del tot normal, perquè d'un director general de tributs de la Generalitat l'únic que ell desitjava era tenir-lo ben lluny. El meu Víctor Sauler Portal evidentment va votar l'1 d'octubre, i també va participar a la meva manifestació independentista favorita, la que es va convocar el 17 d'octubre a l'avinguda Diagonal de Barcelona per exigir l'alliberament dels presidents de l'ANC i Òmnium. Dic que és la meva favorita per les seves conseqüències: desenes de milers de persones van recórrer la Diagonal amb espelmes. Quan la convocatòria va finalitzar, tots ells van deixar les espelmes a terra. Quan la cera va desfer-se, l'Ajuntament es va trobar que l'asfalt de la principal artèria de Barcelona s'havia convertit en pista de patinatge. Els equips de neteja van treballar des de les onze de la nit i fins a les sis de la tarda del dia següent, temps durant el qual la Diagonal va estar tallada al trànsit, cosa que va provocar el caos circulatori possiblement més absurd de la història de Barcelona. Doncs en aquesta protesta també hi era en Sauler Portal.

A finals d'octubre, pocs dies abans de la declaració d'independència, les accions de societats catalanes cotitzades a l'Íbex-35 van començar a caure en picat. Els mercats les castigaven per la incertesa política i social. Poques hores abans que CaixaBank anunciés que movia el seu domicili fora de Catalunya, el nostre Sauler Portal em va escriure un enigmàtic whatsapp: «Crec que ha arribat moment que Puigdemont [president de la Generalitat] faci política, negociï i deixi de delegar en el carrer». Durant setmanes aquell home havia desfilat per Barcelona amb l'esperit d'un adolescent de Gaza durant la intifada del 87, i ara, de sobte, em comunicava que allò d'«els carrers seran sempre nostres» era millor aparcar-ho i deixar que els adults s'entenguessin. Vaig exposar-li la meva sorpresa perquè fins aquell moment havia suposat que el següent pas que estava disposat a fer era defensar la república encerclant el Parlament, el Palau de la Generalitat o l'aeroport. La resposta va ser aquesta: «Collons, és que les accions de La Caixa m'han caigut avui un 5%». Vaig apuntar al meu interlocutor que per fer la revolució –és a dir, provocar la independència de forma unilateral contra un Estat fort com Espanya, amb la Unió Europa en contra i, el més greu, partint Catalunya en dos– el mínim que havia de sacrificar era el 5% de les accions de La Caixa. «Ja ho veurem», van ser les paraules amb les quals va cloure el diàleg.

Aquells missatges del meu Víctor Sauler Portal eren l'equivalent a les escenes inicials de la saga *Ressaca a Las Vegas*: els protagonistes es lleven en una habitació d'hotel, tot cap per avall, sense ser conscients de com hi han anat a parar i sense recordar la gresca de la nit anterior, que va provocar el caos a la ciutat. La diferència és que aquí gairebé ningú accepta que cal fer endreça. Algunes veus, els pocs pals de paller encara dempeus, amagats com els últims cavallers jedi, van mirar de mantenir l'ordre a la galàxia, però la desbandada ja no tenia aturador. La setmana prèvia a la declaració unilateral d'independència, *La Vanguardia* va dedicar portada i editorial diaris a intentar fer reaccionar el seu lector tradicional amb advertències sobre calamitats de proporcions bíbliques. Paral·lelament, amb La Caixa i el seu seguici fugits, l'esforç per salvar els mobles el van realitzar, sense èxit, unes poques persones de la reserva: gent com Marian Puig –hereu dels Puig–, Emilio Cuatrecasas –l'hereu del senyor Cuatrecasas– o Juanjo López Burniol, analista polític, conseller d'un fotimer d'empreses i notari en cap de la reserva. Aquests tres van fer mans i mànigues per acostar posicions entre la

Generalitat i el Govern espanyol, sense èxit i en un context d'aïllament aclaparador.

Jordi Solé Tura va escriure el 1967 a *Catalanisme i revolució burgesa* que el catalanisme de la Lliga Regionalista no va reeixir perquè era la burgesia qui el sostenia, i la burgesia, quan venien mal dades al carrer i a la fàbrica, corria a demanar auxili a les forces de l'Estat. Cinquanta anys després ha succeït un fenomen diferent. Primer és diferent perquè ja no és només la burgesia qui abraça el nacionalisme, sinó que l'abracen grups socials de tota condició, de comarques i de ciutats; i segon, és un fenomen diferent perquè, quan ha arribat la convulsió social i el moment de saltar-se la llei a l'engròs, les classes benestants, fins aleshores porugues i conservadores, han pujat al carro de la insurrecció. Eduardo Mendoza reflexiona així sobre aquesta paradoxa al llibre *Qué está pasando en Cataluña*: «Es el desapego de la burguesía catalana por todo cuanto tenga que ver con una España cuyo estereotipo también ha sido asumido por parte de los catalanes. Que los representantes de esta burguesía se alíen con sectores revolucionarios en cuyo programa está incluido el exterminio de la propia burguesía no se entiende si no se toma en consideración el factor del resentimiento». Mendoza es refereix a l'aliança entre la difunta Convergència i la CUP.

La burgesia de la Lliga també tenia una imatge negativa d'Espanya, però l'Espanya de fa un segle era un país subdesenvolupat i avui és una de les societats amb més benestar del món. I, a més a més, com ja he dit, la burgesia de la Lliga, quan va arribar el moment de fer front a l'anarquisme, va fer exactament el contrari del que ha succeït avui: no el va abraçar, el va combatre.

Durant l'estampida d'empreses del mes d'octubre del 2017 vaig elaborar un reportatge sobre aquest tema per a les pàgines del *Quadern* d'*El País*. Vaig entrevistar l'estimat Andreu Missé, mestre de periodistes econòmics, i Paloma Fernández, professora d'Història Econòmica de la Universitat de Barcelona, entre d'altres. Val la pena recuperar uns paràgrafs d'aquell reportatge:

> Fernández recorda que amb l'esclat de la Guerra Civil molts empresaris van traslladar els seus patrimonis fora d'Espanya sota la protecció de Francesc Cambó, i posa d'exemple el cas de Fernando Rubió i Tudurí, que va exiliar-se als Estats Units i va obrir a Manhattan la primera filial d'una empresa espanyola al país, de l'empresa de nutrició Andrómaco.
>
> Els experts consultats coincideixen que la qüestió clau és el desplaçament dels centres de decisió. Missé, director de la revista *Alternativas Económicas* i expert en la història de La Caixa, assegura que amb cada crisi Catalunya ha perdut influència empresarial. El sistema financer va continuar rutllant malgrat la desaparició fa cinc anys del vell sistema de caixes, però qui en va sortir beneficiat van

ser grans corporacions com el BBVA, que va absorbir Caixa Catalunya. Missé recorda altres exemples: va passar el mateix amb l'absorció per part d'Endesa de les companyies elèctriques catalanes, o amb la de Fomento de Obras y Construcciones en el grup FCC. El veterà periodista també subratlla que «fins fa quatre dies, l'empresari català, també el nacionalista, volia millorar Espanya perquè era la manera de projectar-se. Ara hi ha un nou empresariat que creia que ja no necessitava Espanya, i ha vist que probablement això era erroni». Fernández considera que «un fet sense precedents és que s'han trencat els fils intangibles que vinculaven el món empresarial amb les accions unificadores i solidàries de les forces socials catalanes».

Missé afirma que la decisió del trasllat de seus s'explica essencialment per la seguretat d'un marc jurídic estable a la zona euro i per les incerteses que generen les possibles exigències de l'Agència Tributària Catalana. Fernández no dubta que encara és viu en la memòria el record de la Guerra Civil i el temor a l'expropiació de béns, patrimoni i dipòsits bancaris: «Aquests dies llegeixo memòries de grans empresaris en què evoquen el pànic que va suposar la col·lectivització de les empreses i els patrimonis que guardaven als bancs i que els anarquistes van expropiar», diu Fernández. La dirigent de la CUP Eulàlia Reguant va plantejar el 4 d'octubre a *Nació Digital* un «control del capital i, en determinats casos, a partir de la declaració d'independència com fem un control de capital i fluxos de capital a Catalunya, per garantir un mínim la capacitat de funcionar de la República».

Aprofitant l'avinentesa vaig parlar extensament amb Missé, molt més del que vaig recollir a l'article, i compartíem la perplexitat sobre el mateix fet: com pot ser que bona part de la gran burgesia barcelonina s'hagués empassat que podien prescindir d'Espanya? Si la zona euro va estar a punt de desaparèixer per un país com Grècia –el seu PIB equival al 15% del d'Espanya–, com diantres es podien creure que la Unió Europea acceptaria la desfeta de l'Estat espanyol? Establint, a més a més, un precedent de secessió a la torera, amb la meitat del suport ciutadà, perfectament reproduïble en altres racons d'Europa, el continent amb la més negra tradició de desastres d'arrel nacional. Encara hi ha moltes més proves de la realitat paral·lela a la qual es van deixar arrossegar aquestes elits: de la producció catalana, aproximadament un 60% es ven a l'estranger i un 40% a Espanya. He perdut el compte de les vegades que he sentit màsters d'Esade i directius d'empreses convertits a la causa independentista argumentant que l'economia catalana depenia de les exportacions i que perdre un petit percentatge de vendes a Espanya no seria cap drama, ans al contrari, ens faria més forts perquè no dependríem tant d'un sol mercat. En el meu cas, si de la nit al dia perdés un 40% dels meus ingressos, el problema seria majúscul. En aquesta realitat paral·lela es donava per feta la incorporació immediata a la Unió Europea, com si Espanya no tingués capacitat de veto, per exemple, o com si els dos darrers presidents de la Comissió Europea no haguessin deixat clar que els tractats estipulen que la independència portaria Catalunya fora de la Unió. Això comportaria perdre el mercat únic, la llibertat de comerç sense aranzels, la protecció legal de la UE i més etcèteres que, en definitiva, convergeixen en un punt: l'aposta per la independència unilateral tenia tants riscos que cap col·lectiu conservador podria acceptar-la.

Aquesta aparent desconnexió del món real es pot explicar també perquè bona part de les noves elits són un mandarinat que depèn de l'administració pública catalana i dels seus favors. Malgrat això, des de la dimensió on floten aquests nous referents independentistes del poder barceloní per força s'havia de veure que l'aventura de la separació no negociada els tallaria l'aixeta, havien de ser perfectament conscients que qui té la clau de la caixa i dels bancs és el Govern central. Per què van continuar, doncs?

Milions de catalans van abraçar la idea que no hi havia altre remei que llençar-se al buit, com si visquessin en un edifici en flames i no en un dels indrets més rics d'Europa. En la seva ment, la seva vida a Espanya és com la dels iemenites que s'aixequen contra un govern despòtic que els sotmet mig morts de gana, i com que l'únic que perden, si les coses surten mal dades, és una vaca i una cabana de tova, doncs endavant amb la revolució. Fins aquí, tot bé; si algú vol provar sort llançant-se per un precipici, jo no m'hi oposaré mentre no m'hi arrosseguin. La cosa comença a grinyolar, sobretot des de l'extint món de l'ordre, quan plantegen que tot plegat serà indolor. Carregar-se un Estat que funciona des de fa segles, que és membre cabdal de la UE i de l'OTAN, no pot sortir gratis. És de primer de sentit comú. La supèrbia va contagiar-ho tot, també les persones de la zona alta que tradicionalment havien votat Convergència perquè hi sortien guanyant amb el peix al cove i el desenvolupament del mercat espanyol. Però el que explica Mendoza va succeir fil per randa: van imposar-se els prejudicis, els estereotips, i de votar Aznar l'any 2000 i celebrar els triomfs de la Roja, Espanya va passar a ser fam i misèria. Tant se val que el 40% de la fortuna d'aquestes persones sigui gràcies al mercat espanyol –o en molts casos el total de la seva fortuna i els orígens de la seva condició social, i si no que ho preguntin als seus avis: la certesa avui és que el jou d'Espanya és terrible i sense ella serem millors.

Els jubilats del Tennis Barcelona o del Junior a Sant Cugat, o els de la partida de dòmino en havent dinat a La Vaquería, o els fills avorrits que es fan de la CUP a la

Floresta, evidentment tots aquests són els conversos més vehements, predicadors de la benaurança de la independència unilateral; en part és qüestió de tenir temps lliure i necessitat d'ocupar-lo. Però aquestes teories també les he sentit de persones que cada setmana agafen l'AVE per fer negocis a Madrid i que depenen del que els compren arreu de la Península. El president d'una gran empresa barcelonina em va deixar fer un cop d'ull durant un àpat a un grup de whatsapp que comparteix amb altres noms importants de l'economia catalana: el diàleg era demencial des del punt de vista econòmic. Coincidia amb el moment d'estampida de seus socials: «Tot mentida», «Rajoy les obliga», «No notarem res», «És una decisió simbòlica».

El professor d'Esade Fernando Trias de Bes –amb el cognom queda clar que els seus orígens són la puresa de l'ordre– escriu columnes d'opinió al diari *Ara*. Sempre ha volgut ser conciliador amb l'independentisme; ser conciliador era un tret de la burgesia moderada i assenyada que en breu s'exhibirà als museus de paleontologia. Trias de Bes, però, sembla que va perdre la paciència arran de la fuita de companyies, potser perquè al seu entorn devia escoltar gent apuntant ximpleries com les que vaig llegir en aquell grup de whatsapp vip. Escrivia el professor d'Esade: «Afirmar que el trasllat de seus d'empreses és un tema administratiu sense efectes perquè no marxen les fàbriques o edificis és com dir que no té importància no portar el paracaigudes perquè encara no he saltat de l'avió [...] Dues pinzellades dels efectes empresarials d'una Declaració Unilateral d'Independència (DUI): directius de multinacionals consultats m'explicaven que les seves corporacions obliguen a respectar la legalitat vigent. Un estat no reconegut internacionalment seria considerat il·legal per qualsevol multinacional i seguiran pagant tots els impostos a l'Agència Tributària espanyola. Davant un requeriment fiscal forçós d'un nou Estat català, es veurien obligats a traslladar les activitats productives i directives fora de Catalunya. Abans, per no arriscar-se, trauran tots els diners. [...] Parleu amb empresaris. I no em vingueu amb la política de la por. Estic a favor d'un referèndum pactat però soc contrari a una DUI pel caos econòmic que comportaria. Qualsevol decisió, negociada. O això o rieu-vos dels famosos 16.000 milions d'euros de dèficit fiscal».

* * *

Un metafenomen ha estat la reacció de la *pijoprogressia*, que ha tingut una segona joventut –o tercera joventut; mentalment són adolescents eterns–, el seu maig del 68 particular. El *pijoprogre* barceloní tradicionalment no podia suportar els relats nacionals, fossin l'espanyol o el català, encara menys les seves banderes.

Espanya era caspa, i crear un nou estat nació era tornar a l'edat de ferro. Això també s'ha acabat. Bona part d'aquesta progressia *de luxe* ha comprat a l'engròs el paquet de propaganda sobiranista argumentant que «això va de democràcia», perquè «el poble només vol votar», «Espanya és irreformable», etcètera. És ben bé allò que va escriure Jordi Amat el 2014 a l'assaig *El llarg procés:* «Un dels costos de l'operació [la formació del Govern tripartit de la Generalitat entre socialistes, ecosocialistes i el nacionalisme d'ERC] seria que el Cobi i el maragallisme comencessin a empolsegar-se sense entroncar amb el present, esdevenint un llegat sense hereus, un passat condemnat a ser exposat en un museu sense visitants. O pitjor, com si els anys del Maragall alcalde haguessin estat només el temps ja caduc d'una Barcelona apàtrida».

La Barcelona apàtrida de Maragall –estendard dels *pijoprogres*– és avui un ens moribund. Conec una senyora, de l'entorn de Maragall, a qui no he sentit mai parlar en català, d'una família estupenda, que els darrers cinc anys ha votat la CUP, Podem, els comuns d'Ada Colau i finalment ha votat per ERC. Treballa per a una d'aquestes multinacionals que han traslladat la seu social fora de Catalunya. Aquesta senyora ens bombardeja a Facebook amb propaganda que té com a única finalitat sublimar la seva darrera aventura, vilipendiar Espanya. Per fer-ho no dubta a afegir-se al carro de la independència. Una vegada vaig parlar amb ella sobre tot plegat i em va explicar que no era independentista, però que el sistema necessitava una sacsejada. Ella, com el 90% de la *pijoprogressia* del meu entorn, van votar l'1 d'octubre al·legant que era un acte d'oposició a un govern dictatorial, etcètera. Deien que aquesta consulta no s'havia convocat per proclamar la independència, que tot plegat era una gran *performance* de protesta. Quan la independència va ser declarada –tal com la Generalitat havia reiterat centenars de vegades que faria durant el darrer any si al referèndum guanyava el sí–, i el caos polític i institucional va ser instaurat a Catalunya, aquesta esquerra caviar va continuar amb el teatre com si res, somiant en secret que s'emboscaven a les Gavarres, en un hotel rural si pogués ser i amb una cistella de pícnic comprada a Lafayette, com si fossin el *subcomandante* Marcos de l'Empordà. La senyora abans esmentada va obsequiar-nos a Facebook durant el pont de la Puríssima del 2017 amb una pluja de fotos d'ella a la seva casa de Menorca, o embolcallada en un fulard de caixmir, acompanyada de dos gossos de caça, passejant per camps de l'interior de l'illa. Alternava les fotos amb els darrers articles protesta de *Público*, de l'*Ara* o de qui toqués. I prometo davant Déu que, com ella, en conec bastants més.

Qui ha quedat habitant el vell món de l'ordre? Sobretot la castellanor: les famílies que baixaven amb els ferrocarrils de la Bonanova i les Tres Torres a la plaça de Catalunya per participar en manifestacions de Societat Civil Catalana; els nens dels col·legis religiosos de la ronda de Dalt i del Vallès, de mocassins, camisa ben planxada i jersei Ralph Lauren; els adolescents que entre l'octubre i el desembre del 2017 van sembrar el pànic a la zona alta, voltant per Sarrià arrencant estelades, llançant ous, atonyinant-se amb els del bàndol contrari als bars del mercat de Galvany, concentrant-se a la plaça d'Artós amb fatxes vinguts d'altres contrades –fatxes dels de debò, no la massa de fatxes que ha assenyalat l'independentisme pel senzill fet de no combregar amb el que proposen–, atacant la seu de Catalunya Ràdio al carrer Beethoven; homes desfilant per Barcelona en els seus tot terrenys embolcallats amb banderes espanyoles. Tots aquests votaven per Ciutadans, ara per Vox. És una reserva índia de reaccionaris, la fi de l'ordre com a sinònim de convivència, una comunitat decadent que ja no és elit perquè no té cap mena d'influència.

Davant seu tenen els veïns que donen suport al nacionalisme de Junts, els pares i avis, i al de la CUP, els fills. Aquests en són molts més, com ha quedat explícit en els resultats electorals anteriorment citats. L'octubre i el novembre del 2019, durant els aldarulls posteriors a la sentència del Tribunal Suprem per l'1 d'octubre i la declaració unilateral d'independència, vaig ser testimoni d'unes escenes inaudites d'harmonia revolucionària entre pares i fills de casa bona. Ho vaig escriure en un article del diari *El País*:

> La tensió era màxima el 17 d'octubre a la tarda a la plaça Artós de Barcelona. Al cor de Sarrià, un dels barris amb un nivell més alt de benestar de Catalunya, Maria Sala observava dos grups que una barrera d'antidisturbis dels Mossos d'Esquadra aconseguia separar per uns escassos 40 metres: a un costat hi havia membres de la ultradreta espanyolista i a l'altre, joves independentistes amb la cara coberta amb mocador i caputxa que deien que eren antifeixistes. Entre aquests últims s'hi trobava el fill de Sala, un noi de 16 anys. «Aquests dies és la primera vegada que es manifesta. I sí, és clar que em preocupa», admetia la seva mare.
>
> [...]
>
> Sala és veïna de Sarrià, com altres pares que presenciaven l'encarament entre els seus fills i ultres espanyolistes des d'una distància prudent. «Li dic que és bo que es manifesti, però intento convence'l que sigui pacífic. El que em fa més por és que no el veig. Vaig enviant-li missatges de telèfon, li demano que passi per casa abans de sortir a manifestar-se. Tots els pares estem així», diu Sala. Els progenitors també s'informen entre ells sobre les proeses dels seus fills. Aquella tarda a la plaça Artós, un pare va reconèixer el seu fill emmascarat en el grup independentista: el va obligar a descobrir-se i el va enviar cap a casa,

segons el testimoni de Sala. La resta de joves van anar cap a l'Eixample per continuar amb la protesta. Aquella nit es van reproduir a l'Eixample actes vandàlics, i xocs amb la policia i amb la ultradreta.

* * *

El 2016 vaig gaudir d'un cap de setmana de primavera en una masia meravellosa als afores de Barcelona. El lloc té moltes hectàrees de conreus fruiters, masovers, tates i cavalls. És propietat d'una vella família d'industrials, coneguts meus de fa anys i panys. Passen les generacions i la família guanya en diversitat, i tornen molt a poc a poc a les arrels catalanes que durant el franquisme van deixar podrir. Els meus amics parlen en castellà *fi* de zona alta de Barcelona. El castellà és la seva llengua materna tot i el seu cognom, molt català. Se senten espanyols, sens dubte, però són joves, accepten la idea d'un referèndum i no són reaccionaris davant del nacionalisme català. Són persones apolititzades, abans devien votar de forma pragmàtica, per la difunta CiU o pel PP, i posteriorment ho van fer per Ciutadans-Valls, més que res per la imatge *business friendly* del partit, perquè fins i tot ells van participar en l'1 d'octubre.

Durant un recés entre passejos per la finca i un àpat agradable al jardí principal, vaig apartar-me del grup per jeure damunt la gespa, sota un pi centenari, enorme, que em protegia del sol. Dos nebots dels meus amics, d'uns vuit i deu anys, van plantar dues porteries portàtils al meu costat i van començar a jugar a futbol. L'enrenou no em deixava fer la becaina i vaig apuntar-me a la seva tanda de xuts. Els nens van deixar un moment la pilota per parlar amb mi: «Com és que ets amic dels nostres oncles? Si tu ets català». La pregunta em va descol·locar. «Què voleu dir que soc català?». «Doncs que tu parles català i ells espanyol, són molt espanyols, tu no». A poc a poc vaig anar fent-me una idea del context que motivava aquest raonament. La mare d'aquells nens és família política dels meus amics, ella no carrega la influència d'aquell vell *establishment* industrial. Els seus fills estudien en un d'aquests col·legis privats d'arrel catalanista i patriòtica, com Súnion o Thau. Per ells, la branca familiar del seu pare és espanyola perquè parlen castellà i no miren TV3.

Vaig mirar d'explicar de forma breu i didàctica que els seus familiars castellanoparlants naturalment que eren catalans, i també espanyols, és compatible, per què no, i que l'idioma, la manera de ser o els hàbits de vida poden determinar la teva condició social, però no la condició de ser ciutadà d'un país. No sé si me'n vaig sortir, diria que no em van acabar d'entendre. No són converses que em plagui tenir amb criatures, la veritat és que actualment tampoc no em ve de gust tenir-les amb adults. Els nens van continuar jugant com si res, però jo em vaig quedar rumiant, capficat per un futur on el món de l'ordre haurà explosionat del tot, trencant-se en realitats paral·leles, fins i tot oposades, realitats que ni els vincles familiars, ni el llenguatge universal dels diners, ni l'opció de fer negocis plegats, ni les dutxes del gimnàs, ni les croquetes a la barra del Polo ni els casoris entre fills les podran unir de nou, perquè aquests espais de convivència i comunió que vam conèixer ja no hi seran: s'hauran convertit en pols.

FI